土屋 修 =著

Theory and Practice of
Valuation Adjustments

XVA

モデルの理論と実務
［第2版］

一般社団法人 金融財政事情研究会

第2版はしがき

　本書の初版は2016年に発刊された。幸い多くの読者の支持を得たと思うが、その後、デリバティブ評価の実務では、XVAを中心に多くの変化があった。

　一つは規制の変化であり、資本規制と証拠金規制が強化された。またそれによりXVAの計算負荷はより大きくなり、それに対応するため多くのグローバルな金融機関ではAADや機械学習等の技術が使われるようになった。

　さらに、いわゆるLiborスキャンダルによりLiborの公表が停止され、かわりにRFR（リスク・フリー・レート）をもとにした変動金利が使われるようになった。

　これらの変化に対応するため、第2版では上記のトピックについての議論を強化した。

　本書の出版においては、株式会社きんざい出版部の江口珠里亜氏に大変お世話になったことを感謝する。

　2022年10月

は じ め に

　金融危機を契機として、金融機関における金利デリバティブ・プライシングの理論と実務は大きく変化した。金融危機以前は、Libor（スワップ）レートをもとにひかれたカーブでディスカウントと金利の生成がされていた。一方、危機以降はマルチ・カーブと呼ばれる方法が使われるようになり、ディスカウントとそれぞれの長さの Libor は別のカーブからひかれる状況となった。また XVA（CVA を中心としそれに DVA、FVA 等を加えたもの）と呼ばれるデリバティブの評価の調整によりカウンター・パーティ・リスクが考慮されるようになった。また CVA デスク（場合によっては XVA デスク）により、カウンター・パーティ・リスクは集中的に管理されるようになった。

　以上の状況のなかで、金融機関のデリバティブのプライシング・モデル（プライシング・ライブラリ）においても新しい機能が必要とされるようになった。そのなかで主なものは、CVA（XVA）の計算をする機能の追加とカーブの生成が危機以前のシングル・カーブによる評価からマルチ・カーブによる評価に変更されたことである。

　これらのデリバティブのプライシング・モデルの変化はただ単に小手先のテクニックの変化だけではなくデリバティブ・プライシング理論の前提を覆す革新的な変化である。ここでマルチ・カーブについてはすでにほとんどの金融機関は対応が終わり、また理論的にも技術的にも困難は少ない。一方、XVA に関してはいまだに理論的に評価の定まっていない部分がある。また技術的にいうと XVA の計算はクレジット・リスクと市場リスクの組み合わされたものである。さらに XVA においては個々のデリバティブのプライシングではなくデリバティブのポートフォリオ全体の評価を同時に行わなければならないために計算機の資源を非常に多く使い、計算時間も大きくなる。したがって XVA のプライシングにおいては計算を効率的に行うテクニックが必要である。以上のような困難のため、現在 XVA はデリバティブの実務

において最も急速に発展している分野の一つとなっている。

　一方、XVA に関する成書は洋書でも不十分な状態であり、どれか一冊を読めば XVA の実務を完全に理解できる状態ではない。このような状況のもとで、本書は XVA クオンツを目指している人、XVA（CVA）トレーダー、リスク・マネージャ、コンサルタントそしてそれ以外の金融関係の人向けに XVA の理論と実務を基礎から学べることを目的に執筆した。

　XVA はフロント・オフィスにおけるプライシング・モデルとしても活発な研究成果が発表され続けているが、同時に会計および規制からも影響を受けている。これらの側面については、どのような評価方法が必要かまだ確定していない部分が多い。したがって、XVA クオンツはさまざまな外的な変化にも柔軟に対応できる必要がある。今後出てくるさまざまな研究成果を取り入れながら自分自身で XVA のプライシング・モデルを開発できるように、伝統的な金利デリバティブのモデリングと共通する技術と、XVA のプライシングのために新しく必要となってきた技術を身につけられることを考慮して執筆した。

　今後も XVA の発展に従って必要となる技術の枝葉末節は変わってくると思われる。しかし、本書で基本的な考え方を理解すれば、どのような変化にもついていけると考えられる。

　このような状況のなかで、本書は読者が次の二つのことを達成できることを目標とした。

1）最低限の予備知識のもとで本書を読めば、ベンチ・マークとなる標準的な XVA モデルの開発にかかわる計算ができ、さらに実装もできるようになる。

2）本書を読めば、今後起こりうる XVA に関するあらゆる変化に対応できるようになる。さらに XVA 以外でもデリバティブのプライシング理論の今後のあらゆる発展に対応できるようになる。

　本書において、クオンツとしての知識は仮定しないで必要なデリバティブ・プライシングの理論については解説したが、本書を読む前に金利デリバ

ティブの基本的な知識はもっていることが望ましい。

　本書では XVA の評価で重要なポイントとなるネッティング・セットのなかにエキゾチック・デリバティブがある場合の XVA、大量にあるプレイン・スワップの XVA そして評価の基礎となるマルチ・カレンシー・モデルのシミュレーションに特に重点を置く。本書では市場ファクターとして金利と為替のみを想定するが、他のファクター（株式、コモディティ等）は金利と為替のモデルの上に構成されるので、それらへの応用は簡単である。また金利のモデルとして最も基本的なモデルで市場でも伝統的に多くの金融機関で使われてきた Hull-White モデルを採用した。金利デリバティブのプライシングにおいて Hull-White モデルでは不十分な点も多くあるが、このモデルは他の多くのモデルの基礎となること、また現在でも多くの金融機関で使われていることを考慮しこれを採用した。本書を読んだ後では他のより洗練されたモデルを実装することも容易であると信じる。

　本書ではフロント・オフィスのクオンツが XVA モデルを実装できるようになることを目標としたので、会計および規制に関する話題には触れなかった。これらについては専門家による文献［Adachi 等］を参照願いたい。また、XVA として最近計算されるようになった調整として MVA（マージン・バリュー・アジャストメント（Margin Value Adjustment））および KVA（キャピタル・バリュー・アジャストメント（Capital Value Adjustment））等があるが、これらについてはまだ発展中であり、また会計および規制に依存するため本書では触れなかった。また XVA においては、AAD 等のさまざまな数値計算の技術が使われているが、それらについても本書では触れなかった。これらについては、たとえば［Green］等を参照されたい。

　本書では第 1 章から第 7 章までは主に CVA だけに焦点を当て、その理論と計算法を詳しく説明する。ここで説明した方法は他の XVA（DVA、線形FVA 等）にもそのまま適用可能である。第 8 章において FVA を詳しく分析し線形 FVA とともに、非線形 FVA を導入する。

　なお、本書の内容またその意見は筆者個人に属し、筆者の過去または現在

の雇用主のものではない。

　本書の執筆においては金融財政事情研究会の伊藤雄介氏に特にお世話になり感謝する。また本書の内容の一部は Andrew Green 氏および Deutsche Bank の Chia Chiang Tan 氏との議論および提案に基づいている。特に FVA の章は Chia Chiang Tan 氏との共同研究による。これらの内容について本書に載せることを快諾してもらい特に感謝する。ただし本書にありうべき誤りはすべて著者の責に帰する。最後に本書を娘、舞佳にささげる。

【著者略歴】

土屋 修（つちや おさむ）

静岡県伊豆市出身

Quanteam UK Quantitative Analyst Consultant　英国在勤

ドレスナー・クラインオート証券およびシティ・グループ証券株式会社等で金利エキゾチック・デリバティブ（コーラブル CMS スプレッド・スワップ等）およびハイブリッド・デリバティブ（PRDC 等）のモデル開発に携わる。また CVA デスクのサポートを経験する。ほかに新日本監査法人で金融コンサルタントの経験あり。

東京大学卒業、同大学院博士課程修了、博士（学術）、専門は理論物理。

学術論文のうちの一つはアメリカ物理学会の機関紙（Physical Review B）に発表。著者の Social Science Research Network（SSRN）でのワーキング・ペーパーは、http://ssrn.com/author=2395992で利用可能。

〈連絡先〉

メールアドレス：rates.tokyo@gmail.com

〈金融関係の主な著書〉

『基礎からわかる LIBOR マーケット・モデルの実務』金融財政事情研究会

"A Practical Approach to XVA: The Evolution of Derivatives Valuation after the Financial Crisis" (World Scientific)

"SABR Type Libor (Forward) Market Model (SABR/LMM) With Time-Dependent Skew and Smile"

"Unveiling FVA: Simple cash flows analysis with counterparty and own default for Funding Value Adjustment"（共著）　等

記号および用語

■数学用語

➤条件付確率；二つの確率変数 X と Y について Y の値がある範囲 h にある
　ことがわかっているとき、X の値がある範囲 x にある確率のことを条件
　付確率と呼び、$P(X \in x \,|\, Y \in h)$ と書く。条件付確率は次の性質をもつ。

$$P(X \in x \,|\, Y \in h) = \frac{P(X \in x \cap Y \in h)}{P(Y \in h)}$$

ここで $P(X \in x \cap Y \in h)$ は X の値が x にあり、しかも Y の値が h にある確率。

条件付期待値 1；二つの確率変数 X と Y について Y の値がある範囲 h にあ
ることがわかっているときの X の期待値を条件付期待値と呼び、$E[X \,|\, Y \in h]$
と書く。

条件付期待値 2；上記の条件付期待値の定義において、確率過程 $X(u)$ に
ついて、$u < t$ の $X(u)$ を Y として $X(T)$ を X と考えると、時点 t までの
情報が与えられたときの確率変数 $X(T)$ の期待値が条件付期待値となる。
このときこの条件付期待値を、$E[X(T) \,|\, F_t]$ と書く。

➤タワー則（Tower rule）；二つの確率変数 X と Y があるとき、次の関係
　が成り立つ。

$$E[X] = E[E[X \,|\, Y]]$$

つまり X の期待値は Y が与えられたときの X の条件付期待値をとり、それ
を Y について期待値をとったものと等しい。

➤ 分散および共分散；確率変数 X および Y について

✓ 分散

$$\mathrm{Var}(X) = E\big[(X - E[X])^2\big]$$

✓ 共分散

$$\mathrm{Cov}(X,\ Y) = E[(X - E[X])(Y - E[Y])]$$

$$\mathrm{Cov}(X,\ X) = \mathrm{Var}(X)$$

✓ 相関係数

$$\mathrm{Corr}(X,\ Y) = \frac{\mathrm{Cov}(X,\ Y)}{\sqrt{Var[X]}\ \sqrt{Var[Y]}}$$

➤ 関数

$$x^+ = \max(x,\ 0)$$

$$x^- = \min(x,\ 0)$$

$$1\{x\} = \begin{bmatrix} 1 \text{ if } x \text{ is true} \\ 0 \text{ if } x \text{ is false} \end{bmatrix}$$

デルタ関数 $\delta(x)$；任意の関数 $f(x)$ について、次の条件を満たす関数をデルタ関数と呼ぶ。

$$\int \delta(x-y)f(x)dx = f(y)$$

■金融用語等

✓評価；デリバティブの将来のキャッシュフローをリスク・フリーの金利（実際には OIS レート）で割り引いたものをプレゼント・バリュー、リスク・フリー・バリューまたは単に評価と呼ぶ。また [Green] 等でも指摘されているとおり本来プライスとは市場で取引される金額であり評価とは別のものであるが、本書では便宜上リスク・フリー・バリューのことをリスク・フリー・プライスまたは単にプライスと呼ぶ。特に断らない限り CVA、DVA および FVA での調整はプライスまたは評価とは別な調整項として扱っている。

✓銀行；本書では投資銀行における CVA（XVA）モデルを念頭にする。XVA を計算する主体を常に投資銀行 B とする。また本書では銀行とは常に投資銀行または商業銀行の投資銀行部門を意味するとする。また XVA を計算するカウンター・パーティを顧客 A とする。

✓ポートフォリオ；ネッティング・セットのなかのデリバティブ取引のポートフォリオを単にポートフォリオと呼ぶこともある。銀行のデリバティブ・ポートフォリオ全体を意味するときはそのように断る。

✓時間グリッドについて；ポートフォリオにあるすべてのデリバティブのキャッシュフロー時点より後の時点 S を決め、これを CVA モデルの時間の地平とする。

特に断らない限り時間グリッドとして次のものを使う。

CVA 計算時点の列として $[t_0 = 0, t_1, \cdots, t_j, \cdots, t_n]$

担保のマージン・コールの起こる日 $[t_0 = 0, t_1, \cdots, t_j, \cdots, t_n]$

（上記の二つについて同じ記号を使うが混乱は起こらないはずである）

テナー構造（スワップ取引の金利の交換が起こりうる日）は $[T_0 = 0, T_1, \cdots, T_n, \cdots, T_N, T_{N-1}]$。テナー構造のなかのそれぞれの日をテナー日と呼ぶ（本

書では金利デリバティブとしてはスワップまたはスワップションのかたちの
もの以外は扱わない）。テナー構造はネッティング・セットのなかの一つひ
とつのデリバティブ取引に固有である。

テナー構造のなかで $T_{\eta(t)-1} < t \leq T_{\eta(t)}$ となる整数を $\eta(t)$ とする。

- ✓ $X(t)$；時点 t におけるマルコフ・プロセスの値。基本通貨の金利に対
  応するものを $X_0(t)$ または $X_d(t)$ とし、通貨 Cr_i の金利に対応する
  ものを $X_i(t)$、または通貨を指定する必要がないときは $X_f(t)$ とする。
  特に通貨を指定する必要がないとき（金利デリバティブだけを議論する
  とき）は添え字を省略し $X(t)$ とする。この添え字のつけ方は他の変
  数でも同様。

- ✓ $r(t)$；時点 t における短期金利。

- ✓ テナー構造；スワップの金利交換日は $[T_1, T_2, \cdots, T_N, T_{N+1}]$ とする。
  期間 $[T_i, T_{i+1}]$ のフォワード Libor は $L_i(t)$ とする。

- ✓ $D(t, T)$；時点 t に観測される満期 T のディスカウント・ファクター
  （満期 T のゼロクーポン債の時点 t での価値）。

- ✓ $S_{nm}(t)$；時点 t に観測されるスワップ・レート。スワップの金利交換
  は $[T_{n+1}, \cdots, T_{m+1}]$。

- ✓ $\lambda^A(t)$；法人 A の時点 t におけるハザード・レート（添え字 A は明ら
  かなとき省略する）。

- ✓ $I^A(t)$；法人 A の時点 t におけるデフォルト・インテンシティ。

- ✓ $P^A(t)$；法人 A の時点 t までの生存確率。

- ✓ $\hat{D}^A(t, T)$；時点 T までに法人 A がデフォルトしないとき、時点 T に
  1単位支払われる証券の時点 t に観測される価値。

- ✓ $\hat{J}^A(t, T)$；時点 T に法人 A がデフォルトしたとき、1単位支払われる
  証券の時点 t に観測される価値。

- ✓ $\hat{D}^A(t, U, T)$；時点 U までに法人 A がデフォルトしないとき、時点 T
  に1単位支払われる証券の時点 t に観測される価値。

目　次

| 第 1 章 | 金融危機前後の金利 OTC デリバティブ・トレーディング・ビジネスと CVA の役割 |

1-1　金融危機以前の金利デリバティブ・プライシング理論のまとめ ··· 5
　1-1-1　ニューメレールと測度についてのまとめ ····················· 8
　1-1-2　用語；マルチンゲールの説明 ································· 10
　1-1-3　用語；マルチンゲール測度 ································· 10
1-2　金融危機以降の金利 OTC デリバティブ・ビジネス（担保の取扱い） ··· 11
　●リスク・フリー金利として OIS レートを使う ····················· 18
　●XVA の解析にはキャッシュフローの分析が有効 ··················· 19
1-3　CVA について ·· 20
1-4　CVA（XVA）デスク ·· 24
1-5　デフォルト時の清算について ··································· 28
　●CVA は PV と比べて小さいか ··································· 29
1-6　規制強化（バーゼルⅢ等）の XVA への影響 ··················· 30
　1-6-1　証拠金規制 ·· 30
　1-6-2　資本規制 ·· 31

| 第 2 章 | CVA モデルにおける問題点（CVA ではスピードが重要） |

2-1　ネッティングについて（CVA はバスケット・デリバティブの性質をもつ） ··· 34

2－2　クレジット・リスク・モデル（credit risk model）の概略 ┄┄┄ 36

2－3　クレジット・スプレッドと金利の間の相関と測度の変換 ┄┄┄ 38

　　　●デフォルト確率のモデル（ハザード・レートとデフォルト・イン

　　　　テンシティ） ┄┄┄┄┄┄┄┄┄┄┄┄┄┄┄┄┄┄┄┄┄┄┄┄┄┄┄┄┄┄┄┄ 40

2－4　デフォルト・インテンシティの推定 ┄┄┄┄┄┄┄┄┄┄┄┄┄┄┄┄ 41

　　2－4－1　CDS の評価 ┄┄┄┄┄┄┄┄┄┄┄┄┄┄┄┄┄┄┄┄┄┄┄┄┄┄ 42

第 3 章　CVA モデルの概略

3－1　CVA モデルはポートフォリオのモデル ┄┄┄┄┄┄┄┄┄┄┄┄┄ 46

　　　●式 3－1 について詳しく考えてみる ┄┄┄┄┄┄┄┄┄┄┄┄┄┄┄┄ 51

　　3－1－1　CVA の計算における確率測度について ┄┄┄┄┄┄┄ 52

　　3－1－2　部分的に担保が差し入れられる取引について ┄┄┄┄ 52

3－2　簡単な CVA の例（ネッティングを考慮しない例） ┄┄┄┄┄┄┄ 54

　　3－2－1　CVA はオプション性を加える ┄┄┄┄┄┄┄┄┄┄┄┄┄ 54

　　3－2－2　ネッティングを考慮しないコーラブル商品の CVA

　　　　　　　（ネッティングを考慮しなければグリッド（ツリー）で簡単

　　　　　　　に計算できる） ┄┄┄┄┄┄┄┄┄┄┄┄┄┄┄┄┄┄┄┄┄┄┄┄ 56

第 4 章　CVA モデルの実際

4－1　CVA モデルはクロス・カレンシー・モデルの組合せ ┄┄┄┄┄ 60

4－2　モデルの選択 ┄┄┄┄┄┄┄┄┄┄┄┄┄┄┄┄┄┄┄┄┄┄┄┄┄┄┄┄┄┄ 65

　　4－2－1　現在多く使われている金利のモデルについて ┄┄┄ 65

　　4－2－2　FX ハイブリッド・モデルの為替について ┄┄┄┄┄ 71

　　4－2－3　CVA モデルにおける金利および為替のモデルの選択 ┄┄ 71

4 - 2 - 4 LMM およびマルコフ・ファンクショナル・モデルに
ついて ……………………………………………………… 75
4 - 3 キャリブレーションについて ……………………………… 77

第 5 章 Hull-White モデルによる CVA モデルの構成

5 - 1 Hull-White モデル（Linear Gauss Markov（LGM）モデル）…… 80
　●Linear Gauss Markov（LGM）モデル …………………………… 85
5 - 2 Hull-White モデルのキャリブレーション ……………………… 85
5 - 3 中心回帰の強さの役割 …………………………………………… 92
5 - 4 中心回帰の強さの推定 …………………………………………… 95
5 - 5 クロス・カレンシーHull-White モデル ……………………… 99
　●フォワード為替の説明とそれが S のフォワード測度のもとでマル
　チンゲールであることの説明 ……………………………………… 103
　5 - 5 - 1 為替のボラティリティの推定 ……………………… 104
　　●クロス為替について ………………………………………… 106
5 - 6 CVA モデルのまとめ …………………………………………… 107

第 6 章 CVA モデルにおける数値計算法

6 - 1 グリッド積分によるデリバティブの評価 ……………………… 113
6 - 2 モンテカルロ・シミュレーションによるデリバティブの評価 … 118
6 - 3 最小二乗モンテカルロ法（LSM）……………………………… 119
　6 - 3 - 1 LSM を行使境界の決定のみに使う方法 ……………… 121
　6 - 3 - 2 同じパスを LSM とプライシングに使ったときのバイ
　　アス ………………………………………………………… 124

6-3-3 説明変数の選択について ……………………………… 125

6-3-4 行使価値の評価に LSM を使う場合 ……………………… 126

　●LSM と機械学習の関係 …………………………………… 128

6-4 CVA モデルにおけるシナリオの発生 ……………………… 130

6-5 LSM による CVA の評価 …………………………………… 131

6-5-1 ノンコーラブル・エキゾチック・スワップの CVA に
ついて …………………………………………………… 132

6-6 モンテカルロ・シミュレーションとグリッドを組み合わせる
方法による CVA の評価 ……………………………………… 132

6-7 CVA モデルの数値計算法のまとめ ………………………… 136

6-8 計算負荷について ……………………………………………… 137

6-9 CVA モデルと（リスク・フリー・プライスの）デリバティブ
評価モデルとの間の整合性 …………………………………… 139

6-10 CVA モデルにおける問題点；市場データの取得 ………… 140

第7章 商品に依存する問題

7-1 スワップの CVA の評価；CVA は経路に依存する …………… 144

7-2 スワップのポートフォリオの CVA の評価 …………………… 145

7-3 バミューダン・スワップションの CVA の評価；行使境界は
事前に決めなければならない ………………………………… 153

第8章 FVA および DVA について

8-1 DVA ……………………………………………………………… 156

8-1-1 DVA の問題点 …………………………………………… 157

8－2　FVA ··· 158

8－2－1　デリバティブ取引のファンディングおよび担保を含め
たキャッシュフローの分析 ······························ 158

●ファンディング（および担保）の加法性 ························· 170

●資金の運用について ······································· 170

8－2－2　線形FVA ·· 171

8－2－3　非線形FVA ·· 172

8－2－4　当初証拠金を調達するコスト（MVA）···················· 176

第 9 章 ｜ より発展した話題

9－1　クレジット・スプレッドと市場ファクターの相関（ロング・
ウェイ・リスク（ライト・ウェイ・リスク））························· 180

9－2　XVA 管理について（高速化）······································· 184

9－3　ポートフォリオに2ファクターのモデルが必要な金利デリバ
ティブが含まれている場合 ·· 187

9－3－1　2ファクターHull-White モデルにおける相関 ············ 189

9－3－2　2ファクターHull-White モデルのキャリブレーショ
ン ··· 192

9－3－3　2ファクターHull-White モデルのクロス・カレン
シー・モデルにおける注意 ································ 192

9－4　規制資本における CVA（SA-CVA）···························· 194

9－5　本書で説明しなかった話題 ······································· 194

第10章	結論と議論；金融危機後のデリバティブ・プライシング理論

◆ 補遺1　最小二乗モンテカルロ法 ……………………………… 201

◆ 補遺2　グリッドの多項式による補間 …………………………… 204

◆ 補遺3　金利デリバティブのまとめ ……………………………… 206

補遺3－1　金利スワップ ……………………………… 206

補遺3－2　ヨーロピアン・スワップション ………………… 207

補遺3－3　バミューダン・スワップション ………………… 209

補遺3－4　エキゾチック・スワップ ……………………… 210

補遺3－5　ボラティリティ・スキュー …………………… 211

◆ 補遺4　確率微分方程式 ……………………………………… 212

◆ 補遺5　クレジット・デフォルト・スワップ（CDS）について ……… 217

参考文献 ……………………………………………………… 219

事項索引 ……………………………………………………… 221

第 1 章

金融危機前後の
金利 OTC デリバティブ・
トレーディング・ビジネスと
CVA の役割

2007〜2008年の金融危機を契機に金融ビジネスは大きく変容を遂げた。その全体的な流れとしては、リスクをとって利益をあげるビジネス・モデルからリスクを管理し損失を限定することに焦点が当てられるようになった。そのなかで、金融危機において多くの（投資）銀行が損失を被ったリスクの源は、デリバティブ取引のカウンター・パーティのデフォルトに関連したカウンター・パーティ・（デフォルト・）リスク（と流動性リスク）であった。この流れのなかで危機以降、欧米のグローバルな銀行においてデリバティブ取引のカウンター・パーティ・リスクを管理するCVAデスク（またはXVAデスク）の重要性が増してきた。またさらに危機以降、主にこのカウンター・パーティ・リスクを源として、デリバティブ・プライシング・モデルについても伝統的なアービトラージ・フリー・プライシング（arbitrage free pricing）理論において基本的な前提の変更が必要となった。この危機以降のデリバティブのプライシングの変化について、一つはマルチ・カーブと呼ばれるもので、もう一つがCVA（クレジット・バリュー・アジャストメント（Credit Value Adjustment））を含んだXVAと呼ばれるものである。

　本書ではCVAを中心としたXVAについてその理論と実務を述べる。（投資）銀行のXVAデスクでの適用を前提としているので、特に断らない限り銀行の顧客との間のデリバティブ取引のXVAを計算することとする。

　金融危機によりデリバティブ取引のカウンター・パーティ・デフォルト・リスク（counter party default risk）と流動性リスクが顕在化すると、それがさまざまな方向からデリバティブ・プライシング・モデルに影響を与えてきた。その一つの方向は、デリバティブ評価において担保の金利をもとにしたカーブが使われるようになったことでOISカーブと呼ばれる。OISカーブについては1−2節で簡単に触れる。またそのもう一つの方向は、デリバティブのプライスについていくつかの調整が必要になってきたことである。これらのプライスの調整は総称してXVAと呼ばれる。

　XVAのなかでも、銀行のカウンター・パーティ（顧客）がデフォルトすることにより銀行が損失を被るリスクに対応するデリバティブのプライスの

2

調整を CVA（クレジット・バリュー・アジャストメント）と呼び、XVA のなかでも中心的な役割を果たしてきた。また逆に、銀行がデフォルトしたときデリバティブのカウンター・パーティが被るリスクに対応するプライスの調整のことを DVA（デビット・バリュー・アジャストメント（Debit Value Adjustment））と呼ぶ。また銀行の（流動性リスクに起因する）資金調達（ファンディング（Funding））のコストに対応するプライスの調整のことを FVA（ファンディング・バリュー・アジャストメント（Funding Value Adjustment））と呼ぶ。これらのデリバティブ・プライシング理論の変化は、危機以前は小さいとして実務では無視していたカウンター・パーティ・リスクや流動性リスクに起因するファクターが、金融危機において金融機関がカウンター・パーティ・デフォルト・リスクを感知するに従い無視できない大きさになってきたことによる。

　本書では XVA のなかでも特に重要であり基本的なものである CVA、DVA そして FVA について議論する。また本書では金利デリバティブ・デスクでの使用を想定し、金利デリバティブと FX ハイブリッド・デリバティブの XVA のみを扱う[1]。ただし、XVA の評価においては金利と為替のモデルがその基本となるので、他の資産（株式およびコモディティ・デリバティブ）への適用は容易である。

　CVA とは銀行の顧客（カウンター・パーティ）のデフォルトに関するプライスの調整である。たとえば銀行があるカウンター・パーティとスワップを結んでいるとする。このスワップの途中で、もし銀行にとってスワップの価値が正のときにカウンター・パーティがデフォルトすると、本来銀行が受け取るはずであったデフォルト時以降のトータルの価値が正となるキャッシュフローを受け取ることができなくなり、銀行は損失を被ることになる。

1　本書では金利デリバティブ・デスクにおける XVA を想定するためデリバティブとしては金利デリバティブについてだけ述べる。したがって市場リスクまたは市場ファクターといった場合、それは金利または為替のリスクまたはファクターを意味する。また本書ではクレジット・リスクは市場リスクには含まれない独立したものとする。

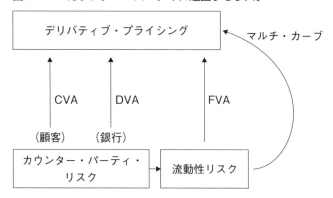

図1-1　カウンター・パーティに起因するリスク

このようなリスクのことをカウンター・パーティ・リスク（Counter Party Risk）（またはカウンター・パーティのデフォルト・リスク（Counter Party Default Risk））と呼ぶ。デフォルト・リスクについては以前から社債等の債券のプライスにおいては当然考慮されてきた。つまり社債においてはデフォルト・リスクがないときと比べて高い金利で割り引いたプライスで取引される。これは将来のある時点に決まったキャッシュフローが支払われるデリバティブ取引のカウンター・パーティ・リスクを評価していると解釈することができる。債券は金利デリバティブの原資産と考えることができるが、金利デリバティブにおいてはカウンター・パーティ・リスクは以前から認識されていたものの、実務において考慮されるようになったのは2000年頃からであり、さらにそれがフロント・オフィスにおいて積極的に管理されるようになったのは金融危機頃からである。

　またカウンター・パーティ・リスクへの認識が高まることに従い、資金調達に対する関心が高まり、流動性リスクもデリバティブ・ビジネスに大きく影響するようになった。

　CVA について具体的に述べる前に、金融危機以前と以降の金利 OTC（オーバー・ザ・カウンター（over the counter））デリバティブ[2]の市場の変化とそれに対する欧米のグローバルな金融機関の対応について述べる。

1-1 金融危機以前の金利デリバティブ・プライシング理論のまとめ

　金融危機以降のデリバティブ・プライシング理論について議論する前に、本節で金融危機以前における金利デリバティブのプライシング理論をまとめる。

　デリバティブのプライシングにおいて、金利等の経済に依存する変数（原資産）は確率変数である。ここで金利はその対象となる期間に応じて無限の自由度（ターム・ストラクチャー）があるが、実際に数値計算可能なモデルをつくるためには、無限の自由度を有限な数の変数で表さなければならない。この有限な数の変数の選び方に応じていくつかの種類のモデルがある。代表的なものにフォワード・レート（Forward Rate）をもとにしたフォワード・レート・モデル（Forward Rate Model）（またその部分集合である短期金利をもとにした短期金利モデル）、Libor 等の市場で取引される金利をもとにしたマーケット・モデル（Market Model）、そしてマルコフ・プロセス（Markov Process）をもとにマーケット・モデルの長所をもつモデルを構成したマルコフ・ファンクショナル・モデル（Markov Functional Model）がある。CVA の計算では高速な計算ができる短期金利モデルが使われることが多い。短期金利モデルにおいては瞬間短期金利と呼ばれる金利 $r(t)$（t は金利を観測する時点）が金利のターム・ストラクチャーを代表する変数として使われる。どちらにしても金利のモデルにおいては有限の数の確率的な状態変数 $x(t)=(x_1(t), \cdots, x_L(t))$ があり、時点 t における金利はすべて $x(t)$ の関数となる。次にある資産（通常は金利に依存する資産が使われる）を選び、その時点 t におけるプライスを $N(t)$ とし、この **N(t)** を市場に存在す

2　OTC デリバティブとは、銀行と顧客（または銀行）の間で相対で（取引所を通さずに）取引されるデリバティブのこと。相対取引であるためにカウンター・パーティのデフォルト・リスクが存在する。多くの金利デリバティブは OTC で取引される。

るあらゆる金融商品のプライスを評価する基準とし、ニューメレール（Numeraire）と呼ぶとする（$N(t)$ は当然確率変数である）。このときそれぞれのニューメレール $N(t)$ に対し対応する確率測度（確率分布）が存在し、その確率測度のもとで、期間 $[t, T]$ にキャッシュフローのない任意の金融商品のプライス $v(t)$ に対して、

$$\frac{v(t)}{N(t)} = E^N\left[\frac{v(T)}{N(T)} \,\middle|\, F_t\right] \qquad （式 1 - 1）$$

となる（$t < T$）。ここで確率測度はニューメレール $N(t)$ に対応して一つだけ決まるので、それを明示するため条件付期待値に E^N とつける（選択するニューメレールを変えると確率測度も変わる）。式1－1からデリバティブ商品のキャッシュフローが時点 T だけに $cf(T)$ があるとき、その時点での価値は当然キャッシュフローの値 $cf(T)$ であるので、デリバティブの時点 t での価値は、$\dfrac{v(t)}{N(t)} = E^N\left[\dfrac{cf(T)}{N(T)} \,\middle|\, F_t\right]$ となる。つまりデリバティブ商品のプライスは、将来のキャッシュフローの条件付期待値を計算することにより得られる。またキャッシュフローがいくつもの時点で起こる商品のプライスは、

$$\frac{v(t)}{N(t)} = \sum_{k}^{M} E^N\left[\frac{cf_k(T_k)}{N(T_k)} \,\middle|\, F_t\right] \qquad （式 1 - 2）$$

となる。

　ここで条件付期待値 $E^N[\cdots | F_t]$ は時点 t で観測する期待値と理解していい。詳しくは拙著［LMM］等を参照。

　　［Green］で指摘されているとおり、本来「プライス」という言葉は市場で取引可能な値であり、「価値」「評価」「バリュー」という言葉は理論的に計算した値である。また彼はデリバティブの価値として会計価

値、トレーディング価値そして規制価値をあげている。しかし慣習的にデリバティブの評価をすることをプライシングと呼ぶことが多い。このような状況を考え、本書ではこれらを区別せず、すべて理論的に計算した（カウンター・パーティのリスクを考慮しない）値を意味するとする。カウンター・パーティ・リスクはCVA、DVA、FVA等でプライスとは別に計算する。

将来の時点 T に1単位通貨支払われる金融商品の時点 t に観測される価値 $D(t, T)$ をディスカウント・ファクターという。ディスカウント・ファクターは次のような関係を満たす。

$$\frac{D(t, T)}{N(t)} = E^N\left[\frac{1}{N(T)} \mid F_t\right] \qquad (式1-3)$$

ニューメレールは通常金利に依存する資産であるが、典型的なものとして、最終満期 S を決めて、最終満期までのディスカウント・ファクター $D(t, S)$ がよく使われる。

さてディスカウント・ファクターとは将来のキャッシュフローの現在価値であるので、金利から推定されるのであるが、金融危機以前はLiborと呼ばれる国際的な銀行の調達金利から通常推定されていた。つまり時点 t に観測される期間 $[T_i, T_{i+1}]$ のフォワードLibor（フォワード金利）を $L_i(t) = L(t, T_i, T_{i+1})$ とすると、

$$Li(t) = \left(\frac{1}{\delta_i}\right)\left(\frac{D(t, T_i)}{D(t, T_{i+1})} - 1\right)$$

$$\delta_i = T_{i+1} - T_i$$

となる。これらのLiborを再現するようにディスカウント・ファクターを決める。ここでたとえ国際的な銀行といってもクレジット・リスクが存在し、

それは金利に織り込まれているが、それはデリバティブのプライシングにおいて考慮する必要があるほど大きいものではないと考えられていた。つまり金利のカーブは一つだけ存在し、それからディスカウント・ファクターも金利（Libor）も生成されていた（もちろんクレジット・リスクのあるキャッシュフローに対してはそれを考慮したスプレッドを乗せて評価する）。また Libor には1カ月、3カ月、6カ月等いくつかのテナー（期間）のものがあるが、それらもすべて一つのカーブだけからつくられる場合が多かった（テナーの長さを考慮したプライシングをしていた金融機関も存在した）。また金利デリバティブにおいて、そのキャッシュフローはほとんどの場合 Libor に依存する。本書ではキャッシュフローが Libor に依存する金利デリバティブのみを扱う（市場には国債の金利に従うもの、TIBOR や EURIBOR 等の金利に従うものもある）。

1-1-1　ニューメレールと測度についてのまとめ

本書ではニューメレールとして主に二つのものが使われる。一つは上であげたディスカウント・ファクターである。ディスカウント・ファクターの場合はその満期を決めなければならないが、通常はプライシングされるデリバティブの最終満期までのディスカウント・ファクター$D(t, S)$ が使われ、S フォワード測度と呼ばれる。また、S フォワード測度における期待値を $E^S[\ ]$ と書く。S フォワード測度において、時点 T にキャッシュフロー $cf(T)$ のあるデリバティブ商品のプライスは、

$$\frac{V(t)}{D(t,\ s)} = E^S\left[\frac{cf(T)}{D(T,\ S)} \,\middle|\, F_t\right]$$

と表される。二つ目はブラック・ショールズの公式の導出等で伝統的に使われていたものでリスク中立測度と呼ばれる。リスク中立測度においては、ニューメレールとして時点0に1単位の金額を**リスクのない**銀行口座に預け、連続複利で受け取った金利を再投資していったときの銀行口座の価値が

ニューメレールとして使われる。つまり銀行預金の金利を短期金利で $r(t)$ とすると、リスク中立測度におけるニューメレールは、時点 T においては $\exp\left(\int_0^T r(u)du\right)$ となる。またリスク中立測度における期待値を $E^{rn}[\ \ ]$ と書くと、デリバティブ商品のプライスは、

$$V(t) = E^{rn}\left[\frac{cf(T)}{\exp\left(\int_t^T r(u)du\right)}\Big| F_t\right]$$

で表される。当然デリバティブ商品のプライスはどの測度で計算しても同じになるので、

$$V(t) = E^{rn}\left[\frac{cf(T)}{\exp\left(\int_t^T r(u)du\right)}\Big| F_t\right] = D(t,\ S)E^S\left[\frac{cf(T)}{D(T,\ S)}\Big| F_t\right]$$

となる。リスク中立測度は金利デリバティブのモデルに関しては必ずしも便利ではない。その理由はリスク中立測度におけるニューメレール $\exp\left(\int_t^T r(u)du\right)$ は短期金利 $r(t)$ の経路に依存し、時点 t における金利だけでは表されないからである。

短期金利；銀行に預金を預けたとき、無限に短い期間 $[t, t+\delta]$ $(\delta \to 0)$ の期間の金利を短期金利 $r(t)$ と呼ぶ。すなわち時点 t に1単位の金額を預けたとき、時点 $t+\delta$ においては $1+\delta r(t)$ の金額が返ってくる。有限の期間 $[t, t+\delta]$ 預けたとき、この期間を長さ δ の等間隔に分けると、1単位の金額は $(1+\delta r(t))(1+\delta r(t+\delta))\cdots(1+\delta r(T-\delta)) \to \exp\left(\int_t^T r(u)du\right)$ となる。

1-1-2 用語；マルチンゲールの説明

確率過程 $x(t)$ が、

$$x(t) = E[x(T)|F_t]$$

$$t < T$$

という性質を満たすとき、この確率過程をマルチンゲールと呼ぶ。マルチンゲールな確率過程とは、その時点 t 以降の分布の平均が時点 t の値と一致するような過程である。これは確率微分方程式、

$$dx(t) = \mu(t)dt + \sigma(t)dW(t)$$

においてドリフトがない、

$$\mu(t) = 0$$

もののことである。上記の式1-1からわかるとおり、アービトラージ・フリーな市場において金融商品のプライスをニューメレールで割ったものは、そのニューメレールに対応する測度において、マルチンゲールとなる。

1-1-3 用語；マルチンゲール測度

危機以前のデリバティブ・プライシング理論においては当然カウンター・パーティのデフォルト・リスクを考慮しない。式1-3で計算されたディスカウント・ファクターは、カウンター・パーティのデフォルトがないと仮定したときのディスカウント・ファクター、つまり時点 T において1通貨単位が確実に支払われるディスカウント・ファクターである。このようなカウンター・パーティ・デフォルト・リスクがないと仮定したときのプライシングに使われる確率測度を本書ではマルチンゲール測度と呼ぶ。具体的にいうと、フォワード測度におけるディスカウント・ファクターおよびリスク中立

確率における短期金利がカウンター・パーティ・デフォルト・リスクを反映しないディスカウント・ファクターおよび金利のとき、その確率測度をマルチンゲール測度と呼ぶ。本書においては、危機以降のプライシングにおいてもマルチンゲール測度により評価を行う（文献によっては他の測度を使う場合もあるので注意したい）。

1-2 金融危機以降の金利OTCデリバティブ・ビジネス（担保の取扱い）

　本節で金融危機以降のデリバティブ・プライシングの実務の変化について述べる。ここで注意したいことは、本節で述べる変化については金融危機を契機として一夜にして変わったわけではなく、金融危機以前から認識され、徐々に（金融機関によりそのスピードに差がありながらも）実務に取り入れられた事象であるが、金融危機を境にその必要性がより広く認識され、市場での標準となってきた。

　2007〜2008年の金融危機において重要な役割を果たしたファクターの一つがカウンター・パーティ・リスクである。危機以前は国際的な銀行（Liborのレファレンス銀行となっているような銀行）のデフォルト・リスクはほぼ無視していいと考えられていた。しかし、金融危機においてLehman Brothers、Fannie Mae そして Freddie Mac 等の大手金融機関が次々と破綻し、市場参加者は国際的な銀行についてもデフォルトする可能性を無視できないことを認識しだした。この認識したことが重要で、危機以降あらゆる金融商品について、いままで無視されていた大手金融機関のデフォルト可能性が織り込まれるようになった。

　金融危機の時点で、欧米の金融機関では、カウンター・パーティのデフォルト・リスクに関する評価の調整（CVA）についてすでになんらかの対応は始まっていた［Adachi］［Uchida］［Theodoros］。ただし、CVAは会計上の評価の調整として使われていて、CVAのヘッジは行っていなかった銀

行が多かった。この状況で多くの金融機関はカウンター・パーティ・リスクにより損害を被った。ただし、カウンター・パーティが実際にデフォルトしたことにより被った損失は3分の1で、3分の2はCVAが大きく負になったことによる損失であるといわれている。いずれにしてもカウンター・パーティのデフォルト・リスクが顕在化したことにより、それまでほとんど差がなかった現金の担保の金利である（リスク・フリー・レートに近いと考えられる）OISレートと銀行のデフォルト・リスクを反映していると考えられるLibor との差が大きくなり、一時は USD の Libor と OIS レートの差は365bp（3.65%）にも達した［Green］。

　以上の状況において、金融危機以降のデリバティブ・プライシングの実務の変化として、最初に認識されたことが、デリバティブ取引において担保付きの取引（CSA 取引）と担保のない取引（非 CSA 取引）についてディスカウント・カーブを区別しなければならないことである。デリバティブ取引において担保を差し入れることはカウンター・パーティ・リスクを軽減する有効な方法であり、特に銀行同士（プロフェッショナル市場）の取引について欧米では通常ほぼ完全に担保化されている。OTC デリバティブは通常、取引の両カウンター・パーティの間で合意された ISDA（International Swap and Derivatives Association）の Master Agreement という規則に従って取引される。ここで担保付きの取引については CSA（Credit Support Annex）と呼ばれる追加の規則に合意されている。CSA により担保のやりとりの頻度、金額（量）そして担保として差入可能な証券の種類等が決められている。CSA により担保のやりとりをする取引のことを CSA 取引、また CSA の定められていない取引つまり担保により守られていない取引のことを非 CSA 取引と呼ぶことがある。

　危機以前から CSA 取引と非 CSA 取引では異なったディスカウント・カーブを使わなければならないことは認識されていた。しかし実際には担保がない取引に内在するカウンター・パーティ・クレジット・リスクが無視できるほど小さいと考えられていたため、実務では CSA 取引も非 CSA 取引も同

じ金利（Libor）でディスカウントされていた。金融危機以降、カウンター・パーティのデフォルト・リスクの大きさが認識されるようになり、CSA取引においては担保の効果を正確に見積もることが必要となった。

OTC金利デリバティブ取引について、銀行間の取引については通常CSA取引である。ここでは銀行(B)と他の銀行(C)との間にデリバティブ取引があるとする。また担保としては現金の預金のみが差入可能とする。時点tにおけるBからみたプライス（価値）を$V(t)$とする（Cからみたプライスは、$-V(t)$）。$V(t)$が正のときCはBに$V(t)$に対応する現金を担保として差し出す。担保の金額は定期的に見直される。つまり担保の見直しをする時点を$[t_0, t_1, \cdots, t_i, t_{i+1}, \cdots, t_n]$とするとそれぞれの時点$t_j$においてデリバティブのプライス$V(t_j)$に対応して担保の金額も増減される。$V(t)$が負になったとき（Bにとってのデリバティブの価値が負になったとき）は逆にBがCに$|V(t)|$の現金を担保として差し出す。もしCとBの片方がデフォルトしたとき、担保を受け取っている側がこの担保の金額をそのまま確保することによりカウンター・パーティ・リスクを減らすことができる。担保金額の見直しが毎日行われるときカウンター・パーティのデフォルト・リスクは極小化される。

担保のやりとりに関しては、それぞれの契約により変わってくる。契約によっては極度額（Threshold）と呼ばれるものが設定されている。極値K_Aとは、Aにとってのデリバティブの価値がK_Aを超えたとき、その超えた分$V(t)-K_A$だけについてだけ担保が差し出されるような契約のとき、極値K_Aが設定されているという。また、最低受渡金額Lが設定されていて、デリバティブの価値の変化がLを超えたときだけ担保の受渡しが行われる契約もある。本書では、担保の受渡しが毎日行われ、極値と最低受渡金額が0のときカウンター・パーティのデフォルト・リスクは0とみなせるとする（厳密に0ではない。[BMP]等を参照）。欧米においては、銀行同士の取引は通常この条件で行われるため、CVAは銀行と顧客との取引のみにあるとみなし、本書ではCVA（XVA）の計算において常に銀行Bと顧客Aとの

間の CVA を計算する。

　なお本邦の市場においては、銀行同士の取引においても担保が受渡しされないまたは極値等が存在する、または受渡しの頻度が月次、3カ月ごと等の取引が多い（[Tomiyasu]）。この場合は銀行同士の取引でも XVA が存在するが、本書では便宜的にカウンター・パーティを顧客と呼ぶ。

　担保のプライシング理論への影響を調べるために、担保化されたデリバティブ取引におけるキャッシュフローを分析する（[PiterbargFVA][Adachi]）。銀行(B)と他の銀行(C)との間に完全に担保化されたデリバティブ取引があるとする。この取引のペイオフは時点 t_i のみにあるとしその取引の担保の受渡しを分析する。担保の受渡日 $[t_0, t_1, \cdots, t_i, t_{i+1}, \cdots, t_n]$ は毎営業日とする。時点 t_i における B からみた取引のプライス（価値）を $V(t_i)$ とする（本節においては取引の価値といったとき、B からみた価値 $V(t_i)$ のことをいうとする）。

　担保の分析に入る前にデリバティブのキャッシュフローの分析をする。ここで期間 $[t_i, t_{i+1}]$ におけるキャッシュフローを独立して分析するとする。つまり、それぞれの時点 t_i においてその時点における価値 $V(t_i)$ の金額を B は C に支払うことにより B はこのデリバティブ取引に入ることができ、また次の時間グリッド t_{i+1} において取引をキャンセルし、B から $V(t_{i+1})$

図1-2　デリバティブ取引のキャッシュフロー

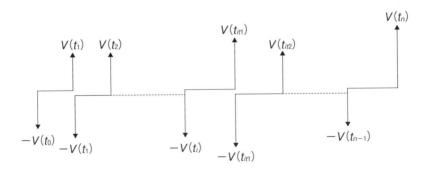

14

受け取るとする。また時間グリッド t_{i+1} において $V(t_{i+1})$ を支払い、取引にまた入り次の時間グリッド t_{i+2} においてそのグリッドでの価値 $V(t_{i+1})$ を B は C から受け取り、取引を終了するとする。このようにそれぞれの期間 $[t_i, t_{i+1}]$ ごとにキャッシュフローを独立して分析するとする。時間グリッド t_i においては前の期間の $[t_{i-1}, t_i]$ を終了するキャッシュフロー（B からみると $-V(t_i)$）と次の期間 $[t_i, t_{i+1}]$ を始めるキャッシュフロー（$V(t_i)$）とがキャンセルし、結局最初の時点 t_0 においてデリバティブを買うキャッシュフロー $-V(t_0)$ と最後の時点 t_n において取引を終了するキャッシュフロー（またはデリバティブのペイオフ）$V(t_n)$ だけが残る。つまり期間ごとに分析することを繰り返すこととデリバティブ取引を時点 t_0 から t_n まで行うことは同等である。

本書では銀行 B が受け取るキャッシュフローは上向き、支払うキャッシュフローは下向きの矢印で表す。

次に担保に付随するキャッシュフローの分析をする[3][4]。ここでそれぞれの時点 t_i において担保化された取引の価値 $V(t_i)$ が正のとき、つまり B からみてこの取引は含み益があるとき、C は $V(t_i)$ の価値がある担保（現金）を B に対して差し入れる。この担保については、B は時点 t_{i+1} において金利 $\delta(t_i) r_c(t_i) V(t_i)$ を加えて C に返さなければならない。つまり時点 t_{i+1} において B は $(1+\delta(t_i) r_c(t_i)) V(t_i)$ の現金を C に返さなければならない。ここで $\delta(t_i)=t_{i+1}-t_i$。$r_c(t_i)$ は担保のもたらす金利[5]で、現金担保については OIS レートが使われる。また、時点 t_{i+1} においてデリバティブの価値

3　本書では一貫して担保はデリバティブ取引と同じ通貨の現金としているが、実際には他の通貨で担保が差し入れられる場合もある。
4　担保の種類について担保として海外では現金だけが担保として認められる場合が多い。一方、日本では現金以外の国債等も認められる場合がある。本書では議論の複雑さを避けるために担保は常に現金とする。
5　本書において期間 $[t_j, t_{j+1}]$ における金利を $r(t_j)$ とすると、これは常に期間の始め t_j に決定され期間の最後 t_{j+1} に $\delta(t_j) r(t_j)$ が支払われるとする。

が $V(t_{i+1})$ に変化したとき、（取引を継続させるためには）金額 $V(t_{i+1})$ の担保を C は B に支払う。ここでは一期ごとに担保はその本来の持ち主に返して、新しい金額の担保が差し入れられるとする。

　ここでは期間 $[t_i, t_{i+1}]$ のデリバティブと担保の両方のキャッシュフローを分析する。時点 t_i においてＢはデリバティブのプライス $V(t_i) > 0$ をＣに支払うが、Ｃは同じ金額をＢに担保として支払うので、ここでは実質的にキャッシュフローは存在しない。次に時点 t_{i+1} にＢはＣからデリバティブのプライス $V(t_{i+1})$ を受け取り取引を終了するが、同時に担保の金額 $V(t_i)$ にその金利 $\delta(t_i) r_c(t_i) V(t_i)$ を加えてＡに返さなければならない。つまり時点 t_{i+1} のキャッシュフローはＢからみて、

$$V(t_{i+1}) - V(t_i) - \delta(t_i)r_c(t_i)V(t_i)$$

となる。

　次にこのキャッシュフローについて、アービトラージ・フリー・プライシングの枠組みで分析する。期間 $[t_i, t_{i+1}]$ について、時点 t_i においてはトータルのキャッシュフローは 0 で、時点 t_{i+1} においてはキャッシュフローは $V(t_{i+1}) - V(t_i) - \delta(t_i) r_c(t_i) V(t_i)$ であり、この期間だけで取引は閉じている。この期間についてデリバティブと担保のやりとりをあわせて考えると、時点 0 においてキャッシュフローはないので、トータルの価値は 0 となるはずであるが、それは時点 t_{i+1} におけるキャッシュフローのマルチンゲール測度のもとでの条件付期待値となるので、

図1－3　担保のキャッシュフロー

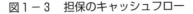
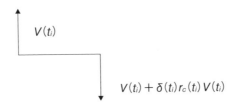

$$0 = N(t_i)E^N\left[\frac{\{V(t_{i+1}) - V(t_i) - \delta(t_i)r_c(t_i)V(t_i)\}}{N(t_{i+1})} \mid F_{t_i}\right]$$

となる。ここで $V(t_i)$ と $r_c(t_i)$ は時点 t_i で確定する変数であることに注意すると、

$$N(t_i)E^N\left[\frac{V(t_{I+1})}{N(t_{I+1})} \mid F_{t_i}\right] = V(t_i)(1+\delta(t_i)r_c(t_i))N(t_i)E^N\left[\frac{1}{N(t_{i+1})} \mid F_{t_i}\right]$$

$$= V(t_i)(1+\delta(t_i)r_c(t_i))D(t_i,\ t_{i+1}) \qquad (\text{式 } 1-4)$$

となる。ここでデリバティブ取引が満期 t_{I+1} のディスカウント・ボンドつまり $V(t_{I+1}) = 1$ とする。このとき、式 1 − 4 より、

$$V(t_i) = \frac{1}{(1+\delta(t_i)r_c(t_i))}$$

となる。ここでは 1 期間だけを考えたが、たとえば時点 t_n を満期とするディスカウント・ボンドについてもこの議論を繰り返せば、

$$V(t_0) = \prod_{i=0}^{n-1} \frac{1}{(1+\delta(t_i)r_c(t_i))}$$

となる。つまり **CSA 取引においてディスカウント・ボンドのプライス（ディスカウント・ファクター）は担保金利（OIS）で割り引いたものになる。**

次に一般のデリバティブ取引を考える。このとき、やはり式 1 − 4 をみると、

$$D(t_i,\ t_{i+1}) = \frac{1}{(1+\delta(t_i)r_c(t_i))}$$

のとき、つまり担保の金利が無リスクの金利と一致するとき、デリバティブのプライス $V(t_i)$ はアービトラージ・フリー・プライシングの枠組みで

$$V(t_i) = N(t_i)E^N\left[\frac{V(t_{I+1})}{N(t_{I+1})} \mid F_{t_i}\right]$$ と計算できる。**つまり担保の金利と無リス**

クの金利が一致するとき担保付デリバティブ取引のプライスはアービトラージ・フリー・プライシング（式1-1）、つまり将来のキャッシュフローをマルチンゲール測度のもとで条件付期待値をとることにより得られる。

担保の金利の指標としてOIS（オーバーナイト・インデックス・スワップ）と呼ばれる、金利デリバティブの金利が使われる。OISとは1日だけ現金の貸し借りをするときの金利を指標とするスワップである。これは現金の担保を1日運用したときの金利と同じと考えることができるので担保の金利はOISから推定される。OISから推定されるディスカウント・カーブをOISカーブと呼ぶ。

リスク・フリー金利としてOISレートを使う

理論的には担保の金利とリスク・フリー金利とは別のものであるが、リスク・フリー金利は市場で観測されないこと、また預金の担保はほぼリスク・フリーと考えてよいので、実務では預金担保の金利（OISレート）がリスク・フリー金利として使われる。そしてこのとき、上でみたとおりデリバティブ取引のプライシングはOIS金利からつくられたディスカウント・ファクターを使いアービトラージ・フリー・プライシングの枠組みで行われる。また危機以降のデリバティブ・プライシングにおいて、OISカーブから生成されたディスカウント・ファクターからつくられたフォワード測度またはリスク中立測度をマルチンゲール測度と呼ぶ（カウンター・パーティのデフォルト・リスクがない場合の測度という意味でリスク・フリー測度と呼ぶ文献もある）。

- -

　上記で行ったキャッシュフローの分析は XVA においては強力なテクニックである。金融危機以前のデリバティブのプライシングにおいてはそのデリバティブから生み出されるキャッシュフローだけを考慮すればよかったが、**危機以降のデリバティブ・プライシング理論においては当該デリバティブのキャッシュフローのみではなく、担保、資金調達そしてヘッジ・ポジションからのキャッシュフローも考慮しなければならない。**上記はいちばん簡単な場合についてキャッシュフローの分析を行ったが、本書では今後もキャッシュフローの分析により XVA の重要な性質を解き明かしていく。

　金融危機以降の変化として、担保付きの取引についてディスカウント・ファクターは Libor をもとにした金利スワップではなく OIS から推定されるようになったことをみてきた。つまり金融危機以降、OIS から推定される金利と Libor との差が無視できなくなり、担保付きの商品のディスカウントは OIS から生成されるディスカウント・カーブ $D_{OIS}(t, T)$ で行われ[6]、金利デリバティブのキャッシュフローのもととなる Libor 等は金利スワップから生成されたカーブ $D_{Libor}(t, T)$ によりつくられるようになった[7]。

　さらに、2012年に発覚した Libor スキャンダルを契機として、2021年末に Libor の公表が、一部テナー（期間）を除き、恒久的に停止され、かわりにリスク・フリー・レートをもとにした金利が変動金利として使われることになった。リスク・フリー・レートは、基本的に OIS の原資産となるオーバーナイト・レートと同じである。ただし、USD に関しては、Federal Fund Rate（フェデラル・ファンド・レート）にかわって SOFR（Secured

---

6　ディスカウント・カーブについては実際には担保の種類（通貨）に応じてさらに多くのカーブが必要になる。

7　ディスカウントと金利（Libor）の生成に違うカーブを使うことは金融危機より以前から PRDC のような FX ハイブリッド・デリバティブのプライシングにおいてクロス・カレンシー・ベイシスを取り入れるために実務では広く行われていた。

Overnight Financing Rate、担保付翌日物調達金利）に変わった。

　ここで、新しい変動金利は期間［T_n, T_{n+1}］についてその最後 T_{i+1}に決まるので、バックワード・ルッキング・レートである。その変動金利を R_n（T_{n+1}）とすると

$$\delta_n R_n(T_{n+1}) = \prod_{k=1}^{N}(1+\delta_k r_k)-1$$

となる。ここで $T_n=t_1, \cdots , t_N=T_{n+1}$は期間内の営業日、$r_k$ は［t_k, t_{k+1}］のオーバーナイト・レートで$\delta_k=t_{k+1}-t_k$。このとき変動金利の時点 $t<T_n$ における価値は、

$$V(t) = E^Q\Big[\exp\Big(-\int_t^{T_n}r(u)\,du\Big)\delta_n R_n(T_{n+1})|\,F_0\Big]$$

$$= E^Q\Big[\exp\Big(-\int_t^{T_{n+1}}r(u)\,du\Big)\Big\{\prod_{k=1}^{N}(1+\delta_k r_k)-1\Big\}\Big|F_0\Big]$$

$$\sim E^Q\Big[\exp\Big(-\int_t^{T_{n+1}}r(u)\,du\Big)\Big\{\exp\Big(\int_{T_n}^{T_{n+1}}r(u)\,du\Big)-1\Big\}\Big|F_0\Big]$$

$$= E^Q\Big[\Big\{\exp\Big(-\int_t^{T_n}r(u)\,du\Big)-\exp\Big(-\int_t^{T_{n+1}}r(u)\,du\Big)\Big\}\Big|F_0\Big]$$

$$= D_{OIS}(t, T_n)-D_{OIS}(t, T_{n+1})$$

となる。ここでリスク・フリー・レートはオーバーナイト・レートで近似できるとした。したがって Libor 更改後は、カーブとしては OIS カーブのみで金利スワップの評価ができる。

1-3 ‖ CVA について

　前節では担保付きの取引（CSA 取引）について、金融危機以降のデリバ

ティブ・プライシングの実務の変化について述べたが、本節および次節では非CSA取引、または担保が部分的にしか差し入れられない取引について述べる。

　すでに述べたとおり、金融危機における欧米大手金融機関の損失は主に非CSA取引におけるカウンター・パーティのデフォルト・リスクに起因する。つまり前節での担保付きのデリバティブ取引のプライシング理論は、金融危機の主な要因であるカウンター・パーティ・リスクについて議論したわけではなく、その要因がない場合についての理論をまとめたことになる。言い換えると、金融危機以前はカウンター・パーティ・リスクを深く考慮しなかったためにカウンター・パーティ・リスクが存在しない担保付きの取引についても深く考慮されることはなかった。カウンター・パーティ・リスクを分析するためには、前提としてカウンター・パーティ・リスクがない場合にどうなるかを正確に定式化しなければならない。前節での議論はそのような位置づけとなる。

　　担保付きの取引を分析することは、金融デリバティブのボラティリティにボラティリティ・スキューを導入するときに、スキューがないフラットなボラティリティ・サーフェスを説明するモデルをつくることに対応する。言い換えると、スキューがない状態が正確に理解されているから、それにスキューを導入することができる。ただしXVAの導入とスキューの導入の異なることは、スキューはアービトラージ・フリー・プライシングの枠組みのなかに取り入れることができるのに対し、XVAはデリバティブ・プライシング理論の枠組みを大幅に変えなければならないことである。

さて、担保がない取引においては、カウンター・パーティがデフォルトしたときデリバティブ取引において銀行は損失を被るリスクがあるが、そのリスクの指標がCVA（クレジット・バリュー・アジャストメント）である。本節でCVAと関連するいくつかの言葉の定義を行う。CVA（およびXVA）はデリバティブの価格の調整であるが、危機以降の状況においてはデリバティブ取引の価格（プライス）の定義を明確にしなければならない。ここではCVAの計算は時点0に行うとする。まずデリバティブ取引について、時点 t 以降のすべてのキャッシュフローをマルチンゲール測度（OISカーブによるディスカウント・ファクターをもとにした測度）のもとで時点 t の条件付期待値をとったもの（にニューメレールの調整をしたもの）を $V(t)$ とする。つまり取引のキャッシュフロー $\{cf(T_1), \cdots, cf(T_m)\}$ が時点の列 $\{T_1, \cdots, T_m\}$ にあるとするとき、

$$V(t) = N(t) \sum_j^m E^N \left[\frac{cf(T_j)}{N(T_j)} \mid F_t \right] 1\{t < T_j\}$$

とする。$V(t)$ はカウンター・パーティ・デフォルト・リスクがないと仮定したときのプライス（評価）であり、また本書ではこれは完全に担保で守られたときのプライスと一致するとする。これをリスク・フリー・バリュー（risk free value）、プレゼント・バリュー（present value（PV））またはただ単に評価（value）と呼ぶ。

　ここでCVAの計算は時点0に行うとするが、将来時点 $t > 0$ におけるリスク・フリー・バリュー $V(t)$ については時点 t になって初めて観測することができる確率変数であることに注意したい。カウンター・パーティ（銀行自身も）がデフォルトすることがないときは将来のキャッシュフローは確実に支払われるが、カウンター・パーティまたは銀行がデフォルトしたとき、このキャッシュフローは支払われるとは限らない。このデフォルトにより将来の期待されるキャッシュフローが支払われないことによる損失の可能性により銀行にとってのデリバティブの価値が調整される量のことを CVA と呼

ぶ。たとえば将来の時点τにおいてカウンター・パーティがデフォルトした
とき、$V(\tau) > 0$の場合、銀行は将来期待していたキャッシュフローが支払
われないことにより損失を被る。これが CVA に貢献する（もし$V(\tau) < 0$の場
合は銀行にとってカウンター・パーティに負債を負っていることになるので
損失はない）（デフォルト時の清算について詳しくは1-5節を参照）。

　将来時点におけるカウンター・パーティのデフォルトにより銀行が被る損
失を表す量として$V^{+}(t) = \max(V(t), 0)$のことをポジティブ・イクス
ポージャ（positive exposure）または単にイクスポージャ（exposure）と
呼ぶ。また$V^{-}(t) = \min(V(t), 0)$のことをネガティブ・イクスポージャ
（negative exposure）と呼ぶ。イクスポージャおよびネガティブ・イクス
ポージャは時点tにならなければわからない確率変数であることに注意した
い。

　また$EPE(t) = N(0)\,E^{N}[V^{+}(t)/N(t)\,|\,F_0]$のことを時点$t$におけるエク
スペクティッド・ポジティブ・イクスポージャ（expected positive
exposure）、$ENE(t) = E^{N}[V^{-}(t)/N(t)\,|\,F_0]$のことを時点$t$におけるエク

図1-4　イクスポージャ

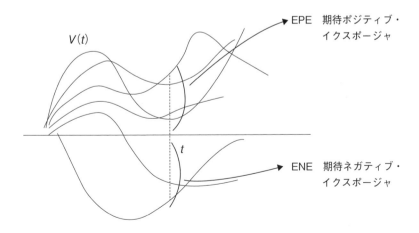

スペクティッド・ネガティブ・イクスポージャ（expected negative exposure）と呼ぶ。$EPE(t)$ と $ENE(t)$ はCVAの計算時点0においてわかっている量であり、カウンター・パーティ・リスクの大きさを測る指標として使われる。

　通常デフォルトしたときある割合 R によってすべての債権者にその負債が支払われるので、時点 τ にデフォルトしたときこの取引から受ける損失は時点 $(R-1)\,V^+(\tau)$ となる。ここでカウンター・パーティが期間 $t \sim t+dt$ にデフォルトする確率を時点 $I(t)\,dt$ とすると、CVA は、

$$N(0)(R-1)\int E^N\big[V^+(t)I(t)/N(t)\big|\,F_0\big]dt$$

となる。

　またデリバティブ取引のもつカウンター・パーティ・リスクの目安としてポテンシャル・フューチャー・イクスポージャ（Potential Future Exposure (PFE)）と呼ばれる量がある。PFE は時点 t と信頼水準 q を定めなければならない。時点 t における信頼水準 q の PFE とは実確率において $V^+(t)$ が $V^+(t) < K$ となる確率が q となるレベル K のことである。つまり、たとえば $q=0.95$ のとき95％の確率で $V^+(t)$ は K 以下となることを意味する。PFE はリスク管理においてカウンター・パーティ・リスクの指標としてよく使われる。またここで正確には実確率（ヒストリカル・データから推定されるもの）のもとでの確率分布から計算しなければならないが、マルチンゲール測度のもとでの確率分布で代用される場合も多い。

1-4 ‖ CVA（XVA）デスク

　OTC デリバティブ取引において、通常プロフェッショナル同士つまり銀行同士の取引においては互いに担保が差し入れられ、担保の額は毎営業日に見直される場合が多い。一方、顧客との取引においては担保が差し入れられない、または部分的にしか差し入れられない場合が多い。このとき、カウン

ター・パーティ（顧客）がデフォルトしたときのカウンター・パーティ・リスクが存在する。当然カウンター・パーティ・リスクは金融危機以前から認識され、その評価も会計上またはリスク管理上なされていた。しかし、金融危機においてカウンター・パーティ・リスクはその大きな要因の一つであり、そのリスクのヘッジの必要性がより強く認識されてきた。実際に金融危機における欧米の金融機関のカウンター・パーティ・クレジット・リスクにかかわる損失のうち実際にカウンター・パーティがデフォルトして被ったリスクは3分の1程度で、残りはカウンター・パーティのクレジットの悪化に伴うCVAの急激な低下（CVAの絶対値の上昇）に起因したといわれている［Adachi］。

　以上の状況において金融危機以降（銀行によってはその前から）欧米の大手銀行ではCVAデスクをデリバティブ・デスクとは独立につくり、カウンター・パーティ・リスクはそこで集中的に管理されるようになってきた。

　ここで危機以前のデリバティブ・デスクの役割をまとめる。デリバティブ・デスクは顧客との間でデリバティブ取引を行い、その市場リスクを銀行間の市場でヘッジする。ここで顧客にチャージするデリバティブのプライスは市場リスクを反映したものであり、本書ではこれを（CVA等による調整を反映したプライスと区別して）PVと呼ぶ。カウンター・パーティ・リスクについてはそれをプライスに繰り込むことはあるが、カウンター・パーティがデフォルトした場合、基本的にはその損失は銀行が被ることになる。つまりカウンター・パーティ・リスクはヘッジされない。

　金融危機以降、OTCデリバティブ取引のカウンター・パーティ・リスクを集中的に管理する機能をもったCVA（カウンター・パーティ・バリュー・アジャストメント（Counter Party Value Adjustment））デスクが創設され、デリバティブ取引のオペレーションは次のように変わっていった。デリバティブ・デスクは顧客とデリバティブ取引をしたとき、同時にCVAデスクからCVAプロテクションを買う。CVAデスクはCVA（プロテクション）のプライス（通常単にCVAと呼ばれる）を計算し、その金額がデリバ

ティブ・デスクから CVA デスクに支払われる。デリバティブ・デスクは CVA プロテクションのプライスを（市場リスクを反映したデリバティブの フェア・バリューに加えて）顧客にチャージする。つまりカウンター・パー ティ・リスクは顧客に明確にチャージされることになる。ここで CVA とは 市場リスクだけを反映したプレゼント・バリュー（PV）を調整するもので ある。つまり危機以降、デリバティブのプライスは、

$$PV+CVA$$

として評価されることになった。ここでカウンター・パーティのデフォルト は銀行にとってのデリバティブの価値を下げるので、CVA は常に負とな る。また顧客のデフォルト・リスクだけを評価に入れてわれわれ（銀行）の デフォルト・リスクを考慮に入れないことは不自然であるということで、銀 行のデフォルト・リスクを考慮した調整もデリバティブの評価に入れること が多い。銀行のデフォルト・リスクを考慮した調整を DVA（デビット・バ リュー・アジャストメント）と呼ぶ。DVA については CVA と違い、銀行 にとって自分自身のデフォルト・リスクであるのでヘッジできない。CVA だけを考慮した調整を片方向（Unilateral）CVA、CVA と DVA を両方考 慮した調整を両方向（Bilateral）CVA と呼ぶこともある。バイ・ラテラル・ CVA においてデリバティブの評価は、

$$PV+CVA+DVA$$

となる。また本書では、ほかに銀行のファンディング・コスト（funding cost）をデリバティブのプライスに反映させたときのプライスの調整である FVA（ファンディング・バリュー・アジャストメント）も後に導入する。 FVA を導入するときデリバティブのプライスは、

$$PV+CVA+DVA+FVA$$

となる。

もし顧客（カウンター・パーティ）がデフォルトしたときはその損失については CVA デスクがデリバティブ・デスクに対して補償する。CVA デスクは当然顧客のデフォルトにより損失を被らないように**カウンター・パーティ・リスクをヘッジする**。またそのヘッジ・コストは CVA のプライスに反映されなければならない。ここで CVA デスクが CVA のプライシングおよびリスク・ヘッジに使うプライサーが必要になる。本書では CVA（および他の XVA）のプライサーを開発するうえで重要な点をすべて説明する。

　ここで CVA デスクのヘッジ・オペレーション（hedge operation）について簡単に解説する。CVA はカウンター・パーティがデフォルトしたとき、そのイクスポージャについて損失するリスクを表している。カウンター・パーティのデフォルトによる損失については CDS（クレジット・デフォルト・スワップ（Credit Default Swap））によりヘッジされる。一方、イクスポージャは市場ファクターに依存するので、それは市場リスクを表す商品（スワップ、スワップション、FX オプション等）によりヘッジされる。このヘッジ・オペレーションはダイナミック・ヘッジで金利エキゾチック・デリバティブの市場リスクをヘッジするオペレーションと（CDS によ

図１－５　CVA デスク

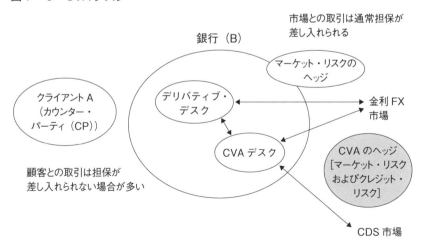

るヘッジが加わったことを除けば）基本的に変わりはない。したがって CVAトレーダーは、CVAのプライサーによりエキゾチック・デリバティブのプライサーと同様に、市場リスクとクレジット・リスクのグリークス（リスク感応度）を計算しなければならない。つまり、CVAのプライサーはCVAを計算するだけでなく、そのリスク感応度を適切に計算できるものでなければならない。

カウンター・パーティのクレジットが悪化しデフォルトの可能性が高まったときは、CVAデスクはより多くのCDSプロテクションを買うようになり（CVAのプライサーがそうなるようにグリークスを生成するはず）、もしカウンター・パーティが実際にデフォルトしたときは（理論上は）、CDSのプロテクションによりカウンター・パーティのデフォルトによる損失を保障されていることになる。

1-5 ┃ デフォルト時の清算について

ここでカウンター・パーティがデフォルトしたとき、デリバティブ取引の清算はどのように行われるかをまとめる。この清算するときのキャッシュフローは、デフォルトしたカウンター・パーティとデフォルトしなかった法人との間でどちらにとってデリバティブの価値が正であるかによって異なる。法人AとBの間にデリバティブ取引があり、法人Bがデフォルトした状況を考える。

1. たとえば生き残った法人にとって正のイクスポージャがあるとき、つまりデリバティブ取引の価値が生き残った側Aにとって正で、デフォルトした側Bにとって負のとき。このとき、本来はその価値をBがAに対して支払わなければならないが、当然デフォルトしているので、Bの負ったあらゆる負債を清算した後に決められた割合R（リカバリー・レートと呼ぶ）の割合で支払われる。

2. 次に生き残った法人にとって負のイクスポージャがあるとき、つまりデ

リバティブ取引の価値が生き残った側 A にとって負で、デフォルトした側 B にとって正のとき、B の清算代理人は A に対してそのデリバティブの価値をすべて支払うことを要求する。

このようにカウンター・パーティ B がデフォルトしたとき、A にとっては正のイクスポージャがあるとき、その一部しか返ってこず、負のイクスポージャがあるときはそのすべてを支払わなければならないという不平等な状況となる。これが担保のない場合のカウンター・パーティ・リスクであり、それが CVA で評価されるものとなる。

ここでデフォルトにより清算するときのデリバティブの価値の評価において、二つの方法がありうる。一つは一度デフォルトした後、二度とデフォルトが起こらないと仮定して、リスク・フリーの評価をする方法である。これをリスク・フリー・クローズアウト（risk free closeout）と呼ぶ。もう一つはデフォルトにより消えた取引について同じ取引を他のカウンター・パーティと結ぶと仮定してカウンター・パーティと銀行のデフォルト・リスクを織り込んだプライス（CVA と DVA 等で調整したプライス）を使う方法である。これをマーケット・クローズアウト（market closeout）と呼ぶ。

CVA は PV と比べて小さいか

CVA とはカウンター・パーティのデフォルト確率に比例する。通常の状態ではデフォルト確率は小さい数字である。しかし CVA の PV への寄与は必ずしも小さくない。たとえば ATM に近いスワップが一つだけある場合の CVA を考える。ATM に近いのでこのスワップの PV は非常に小さいはずである。しかし CVA（EPE）にはスワップ・レートが ATM から大きくずれたパスが寄与する。将来スワップが現在のフォワードから大きくずれる可能性はボラティリティに依存するが、決して少なくはない。この例からわかるように、CVA による調整は決して小さい数字とは限らない。

1-6 | 規制強化（バーゼルⅢ等）のXVAへの影響

金融危機以降、当局は金融機関の経営について規制を強化してきた。ここでは、それらのなかでも特にXVAに影響の大きい、証拠金規制と資本規制についてまとめる。

1-6-1 証拠金規制

規制当局は、金融危機以降、標準的なデリバティブについて中央清算機関（Central Counterparty（CCP））を通して取引することを要求し、中央精算されないOTCデリバティブについても変動証拠金および当初証拠金を差し入れることを要求した（証拠金規制）。したがって、デリバティブ取引は、基本的に変動証拠金および当初証拠金を差し入れることとなった［MR］。

デリバティブ取引のカウンターパーティ・リスクを軽減する方法として、担保（証拠金）は強力な方法である。変動証拠金は、デリバティブ取引のエクスポージャーについて、マージン期間のリスク（Margin Period of Risk）を除いた部分を補償する。また、当初証拠金は、マージン期間のリスクを補償することを主な目的として導入された。

証拠金の導入されたデリバティブについては、XVA、特にCVAは必要なくなるようにみえるが、実際には、当初証拠金のファンディング・コストに関連してMVA（Margin Value Adjustment）の重要性が増した。また、CVAについても、次の1-6-2節に述べるとおり、より精緻な考慮が必要となる。

当初証拠金について、CCPを通す取引は、CCPの内部モデルによる。これは、通常VaRまたはその類似法に基づく。

一方OTCデリバティブについては、業界団体のISDAが業界標準モデルとして公表しているSIMM（Standard Initial Margin Model）に基づく。SIMMは、デリバティブ・ポートフォリオのリスク感応度に基づく感応度

VaR による。

1-6-2　資本規制

デリバティブ取引による損失から金融機関を守る資本についての規制は、金融危機以降、強化されている。

2017年に最終的な合意がなされた「バーゼルⅢ」[BaselFinalize] において、カウンター・パーティ・クレジット・リスクにかかわる資本はBA-CVA（基礎的方式）と SA-CVA（標準的方式）のどちらかで計算されることとなった。

BA-CVA は、商品の形態およびその現在価値（Present Value）のみから計算されるが、ヘッジについては限られた商品しか認められず、必要資本は大きくなる。一方、SA-CVA は、CVA のリスク感応度から計算される。ここにおける CVA は会計における CVA であるが、誤方向リスク（Wrong Way Risk）を考慮しなければならないこと、マージン期間のリスクを考慮しなければならないことが主な注意点である ［BCVA]。

－

第 2 章

CVA モデルにおける問題点
（CVA ではスピードが重要）

本章からCVAの評価について述べていく。まずCVAの評価をむずかしくしているネッティングについて述べる。

2-1 ネッティングについて（CVAはバスケット・デリバティブの性質をもつ）

日本を含む多くの国の市場において、ほとんどのデリバティブ取引についてカウンター・パーティとの間でネッティング（netting）と呼ばれる契約が結ばれている。銀行とカウンター・パーティとの間には通常多くのデリバティブ取引があるが、銀行とカウンター・パーティのどちらか片方がデフォルトしたとき、それらの間のすべてのデリバティブ取引の価値を合計しその和に対して清算が行われることをネッティングと呼ぶ。つまりカウンター・パーティAと銀行Bの間の取引にネッティング契約があり、Aがデフォルトしたとする。そのとき、ある取引はBにとっての価値v_1が正であり、他の取引の価値v_2は負であるとする。このときネッティング契約がない場合、Bにとって価値が負の取引v_2についてはBは即座に支払わなければならな

図2－1　ネッティング

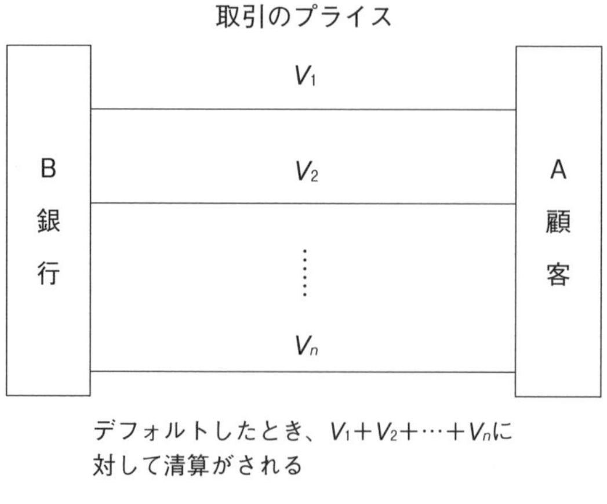
取引のプライス
B
銀
行
A
顧
客
V_1
V_2
……
V_n
デフォルトしたとき、$V_1+V_2+\cdots+V_n$に
対して清算がされる

いが、Bにとって正の取引の価値v_1についてはそのリカバリー・レートだけしかBは受け取ることができない。つまりネッティング契約がない場合、Bは負のイクスポージャはすべて支払わなければならず、一方、正のイクスポージャについては一部しか返ってこないことになり、カウンター・パーティのリスクは非常に大きいものとなる。一方、ネッティング契約がある場合、AとBの間の取引のプライスを合計したv_1+v_2に対して、それが正のとき、そのリカバリー・レートがBに対して支払われる。つまりネッティングによってデフォルトしたときの損失は低くなる。

　一方、CVAの計算においてネッティングを考慮するためには、**それぞれのカウンター・パーティごとにそのネッティング契約の対象となるすべての取引（ネッティング・セット（netting set））のポートフォリオ（portfolio）の価値を同時にシミュレーションしなければならない。つまりCVAの計算はポートフォリオのなかのデリバティブすべての価値の合計を計算しなければならない。言い換えると、CVAとはバスケット・デリバティブ（basket derivative）の性質をもっている。**新しい取引をデリバティブ・デスクが取引しようとするとき、デリバティブ・デスクはそのCVAをCVAデスクに問い合わせる。CVAデスクはその取引のCVAを計算するが、その新しい取引だけのCVAを独立に計算した場合、正確なCVAを計算できない。**その取引の銀行（またはデスク）のCVAへの影響を計算するためには、その取引のカウンター・パーティに対応するネッティング・セットについて、その取引を入れない場合のCVAとその取引を入れた場合のCVAの両方を計算しその差を計算することによって、その取引のCVAを正確に計算できる。**つまりCVAはその取引だけでなく、同じカウンター・パーティとのネッティング・セットにあるポートフォリオ全体に依存する。このようにCVAは計算すべき取引のキャッシュフローの期待値を計算すればいいという伝統的なデリバティブ・プライシング理論に対して革新的な変化をもたらした。すなわち**CVAを加えたとき、デリバティブのプライスは同じカウンター・パーティと結んだ他のデリバティブ取引に影響を受ける。つまりデリ**

バティブのプライシングはカウンター・パーティとのネッティング・セット全体に対して行わなければならない。

　なお本書では（デリバティブの）ポートフォリオとは特に断らなければ、それはネッティング・セットにあるデリバティブのポートフォリオを意味するとする。

　上で述べたことにより、新しい取引のCVAを計算するためにはネッティング・セット全体のCVAを2回計算しなければならない。またCVAについてはその値だけでなくリスク感応度も計算しなければならない。リスク感応度の計算には当然そのシナリオの数だけCVAを計算しなければならない。

　たとえ一つのデリバティブ取引でもエキゾチック・デリバティブのプライシングには顕著な時間が必要である場合があるが、多くの取引のプライス（一般にはそれぞれ別の通貨の金利または為替に依存しうる）を同時にシミュレーションすることは計算時間が非常に多くかかる可能性がある。またネッティング・セットのなかの取引はさまざまな通貨の金利や為替に依存する取引が存在するので、CVAのモデルはさまざまな通貨の金利（G10の金利デリバティブ・デスクではG10の金利）とその間の為替を同時にシミュレーションしなければならない。

2-2 ‖ クレジット・リスク・モデル（credit risk model）の概略

　CVAとは市場リスク（金利、為替等）とクレジット・リスク（デフォルト・リスク（default risk））の両方のリスクに依存する。本節でCVAのプライシングに必要になるクレジット・リスクのモデルの概略を説明する。クレジット・リスクとはデフォルト・リスクのことであるので、ある法人Aのデフォルトする時間 τ^A の確率分布を定めることがクレジット・リスクのモデルということになる。デフォルト時点 τ^A が $t \sim t+dt$ にある確率が $I^A(t)\,dt$ であるような関数 $I^A(t)$ をデフォルト・インテンシティ（default intensity）と呼ぶ。つまり $I^A(t) = E^\tau[\delta(t-\tau^A)]$。ここでデフォルト時点は当然確率変数であるが、**デフォルト・インテンシティ$I^A(t)$ も一般には確率変数である。** クレジット・リスクのモデルにおいてはデフォルト・インテンシティ$I^A(t)$ よりもハザード・レート（hazard rate）を基本的な変数とすることが多い[1]。ハザード・レート$\lambda^A(t)$ とは法人 A が**時点 t 以前にはデフォルトしていないという条件のもとで、**$t \sim t+dt$ の間にデフォルトする確率のことである。このとき、時点 0 に観測する時点 t まで法人 A のデフォルトが起きない確率（生存確率）$P^A(0, t)$ は期間 $[0, t]$ を微小な時間間隔に $[u_0 = 0, u_1, \cdots, u_n = t]$ と分割することにより、$P^A(0, t) = \lim_{n \to \infty} \prod_{j=0}^{n} (1 - \lambda^A(u_j) du) = \exp(-\int_0^t \lambda^A(u) du)$ とハザード・レートで表される。ハザード・レートは時点 t までデフォルトが起きないという条件のもとでの確率であるので、デフォルト・インテンシティとハザード・レートの間の関係は、

$$I^A(t) = \lambda^A(t) P^A(0, t) = \lambda^A(t) \exp\left(-\int_0^t \lambda^A(u) du\right)$$

となる。

● $P^A(0, t) = \lim_{n \to \infty} \prod_{j=0}^{n} (1 - \lambda^A(u_j) du)$ の説明

　時点 u_j までにデフォルトが起きない確率とは（時点 u_{j-1} までにデフォルトが起きない確率）×（時点 u_{j-1} までにデフォルトが起きないという条件のもとで区間 $[u_{j-1}, u_j]$ にデフォルトが起きない確率）である。ここで（時点 u_{j-1} までにデフォルトが起きないという条件のもとで区間 $[u_{j-1}, u_j]$ にデフォルトが起きない確率）＝$(1 - \lambda^A(u_j) du)$ であるので、上記の式を時間間隔 $[u_0, u_1, \cdots, u_n]$ に順に適用していくことにより $P^A(0, t) = \lim_{n \to \infty} \prod_{j=0}^{n} (1 - \lambda^A(u_j) du)$ が得られる。

1　デフォルト・インテンシティとハザード・レートの定義は文献により違う場合がある。本書の定義は一般的なものではないので、特に注意されたい。

仮定）　本書ではデフォルト時点は、τ^A は常に市場のファクターと独立と仮定する。ただしハザード・レート（デフォルト・インテンシティ）は市場のファクターと必ずしも独立ではない。

　次にハザード・レート（デフォルト・インテンシティ）の確率過程を考える。ここでは S フォワード測度を使うとすると、時点 T までに法人 A にデフォルトが起きなかったとき 1 単位支払われる証券、つまり（リカバリー・レートが 0 のときの）法人 A のゼロクーポン・ボンドの時点 0 でのプライスを $\hat{D}^A(0,\ T)$ とすると、これは S フォワード測度で次のように表される。

$$\hat{D}^A(0,\ T) = D(0,\ S)E^S\left[\frac{\exp\left(-\int_0^T \lambda_S^A(u)\,du\right)}{D(T,\ S)}\,|\,F_0\right]　(\text{式 } 2-1)$$

一方、同じ商品が T フォワード測度では、

$$\hat{D}^A(0,\ T) = D(0,\ T)E^T\left[\exp\left(-\int_0^T \lambda_T^A(u)\,du\right)|\,F_0\right]　(\text{式 } 2-2)$$

と表される。ここでハザード・レートについてそれらのプロセスが S フォワード測度におけるもののとき添え字に S を、T フォワード測度のとき添え字に T をつけるとした。

　また基金 $T\sim T+dT$ の間に法人 A がデフォルトしたとき時点 T に 1 単位支払われる証券の価値を $\hat{J}^A(0,\ T)dT$ とすると、S フォワード測度で、

$$\hat{J}^A(0,\ T) = D(0,\ S)E^S\left[\frac{\exp\left(-\int_0^T \lambda_S^A(u)\,du\right)\lambda(T)}{D(T,\ S)}\,|\,F_0\right](\text{式 } 2-3)$$

となる。

2-3 ‖ クレジット・スプレッドと金利の間の相関と測度の変換

　本書ではプライシングに使う測度としてフォワード測度やリスク中立測度

のようにニューメレールが金利に依存する測度を使う。ここで測度を変換したとき、ハザード・レートのプロセスについて測度の変換によるドリフトの調整はハザード・レートとニューメレールとの相関に依存する。したがってハザード・レートと金利の相関が0のとき、測度の変換によるハザード・レートのドリフトの調整項は常に0で、（本書で使う）すべての測度で同じプロセスとなる。実際に上の式2−1と式2−2において、金利とハザード・レートが独立のとき、

$$E^S\left[\exp\left(-\int_0^T \lambda_S^A(u)\,du\right)\middle|\, F_0\right] = E^T\left[\exp\left(-\int_0^T \lambda_T^A(u)\,du\right)\middle|\, F_0\right]$$

となることが簡単にわかる。つまり金利とハザード・レートが独立のときこれらの期待値は（フォワード）測度に依存しないことがわかる。一方、相関があるとき、これらの期待値は一致しない。

$$E^S\left[\exp\left(-\int_0^T \lambda_S^A(u)\,du\right)\middle|\, F_0\right] = (Adj)\, E^T\left[\exp\left(-\int_0^T \lambda_T^A(u)\,du\right)\middle|\, F_0\right]$$

このファクター（Adj）が測度の変換によるドリフトの調整に対応している。ハザード・レートのドリフトの調整項はモデルに依存する。この調整項は9−1節で Hull-White モデルの仮定のもとで実際に導く。

　また金利とクレジット・スプレッド[2]の間の相関が0のとき式2−1および式2−3からわかるように、

$$\hat{D}^A(0,\ t) = D(0,\ t)\,\bar{P}^A(t)$$

$$\hat{J}^A(0,\ T) = D(0,\ t)\,\bar{I}^A(t) \qquad\qquad （式2−4）$$

となる。ここで、

$$\bar{P}^A(t) = E[P^A(0,\ t)|\, F_0]$$

2　本書ではクレジット・スプレッドとはハザード・レートとデフォルト・インテンシティの両方を意味することとする。

$$\bar{I}^A(t) = E[I^A(t)\,|\,F_0] = \frac{\partial\,\bar{P}^A(t)}{\partial t} \qquad (\text{式 2 - 5})$$

はそれぞれ生存確率とデフォルト・インテンシティの期待値である。ここで期待値はどのようなマルチンゲール測度のもとでとっても同じ結果となる。

　このようにクレジット・スプレッドと金利、為替等の市場ファクターが独立なとき、クレジット・スプレッドとディスカウント・ファクターが分離できることからわかるように、デフォルト・インテンシティ（と生存確率）の期待値 $\bar{I}^A(t)$（と $\bar{P}^A(t)$）は市場ファクターの期待値と分離できる。したがって、（CDS のプライシングにおいても CVA の計算においても）デフォルト・インテンシティを確定的な関数と解釈することができる。ここで期待値 $\bar{I}^A(t)$ をその確定的な関数として扱う。この点についてはデフォルト・インテンシティの CDS へのキャリブレーションについて述べるときにさらに触れる。今後期待値 $\bar{I}^A(t)$ と $\bar{P}^A(t)$ についても混乱が起きないときは、特に断らずにデフォルト・インテンシティおよび生存確率と呼ぶ。

　ここで注意しなければならないことは、デフォルト・インテンシティを確率変数として、たとえば Hull-White モデルのプロセスをとるとすると、デフォルト・インテンシティの積分、つまり累積デフォルト確率が 1 より大きくなることが起きうる。したがって、ハザード・レートを基本的な変数としてモデルを構成することが望ましい。

デフォルト確率のモデル
（ハザード・レートとデフォルト・インテンシティ）

- -

　ここでハザード・レートとデフォルト・インテンシティの違いについて簡単にまとめる。これは条件付確率と通常の確率との違いを理解する、練習問題としていいと思う。

　時点の列 $[t_1, t_2, \cdots, t_n]$ があり、この時点の間のそれぞれの区間 $[t_j, t_{j+1}]$

に対応してコインを1回投げるとし、コインの表が出たらデフォルトするとする。ただし、このコインは区間 $[t_j, t_{j+1}]$ に対応する試行について表が出る確率を p_j、裏が出る確率を $1-p_j$ とする。

またデフォルトは一度しか起きないと仮定し、最初に表が出たところでこのゲームは終了とする。ここで j 番目の試行で初めて表が出る確率 p_j について、これは $j-1$ 番目までデフォルトしなかったとき（表が出なかったとき）に j 番目の区間でデフォルトする条件付確率に対応する。したがって、p_j は上記でいうハザード・レートに対応する。ここでデフォルトが j 番目の試行で起こる確率は、1 番目から $j-1$ 番目までの試行ですべて裏が出て j 番目の試行で初めて表が出る確率であるので、これは $(1-p_1)(1-p_2)\cdots(1-p_{j-1})\,p_j$ となる。これが上記のデフォルト・インテンシティに対応する。また j 番目までデフォルトが起きない確率（生存確率）は $(1-p_1)(1-p_2)\cdots(1-p_j)$ となる。これらの連続極限をとるとハザード・レートは、

$$p_j \to \lambda\,(t)$$

デフォルト・インテンシティは、

$$(1-p_1)(1-p_2)\cdots(1-p_{j-1})\,p_j \to \exp\left(-\int_0^t \lambda\,(u)\,du\right)\lambda\,(t)$$

生存確率は、

$$(1-p_1)(1-p_2)\cdots(1-p_j) \to P(0,\,t)$$

となることがわかる。

上記の例をみると、デフォルト確率のモデルにおいてはハザード・レートのほうがより基本的な変数であり、ハザード・レートのモデルを構成するほうが自然であることが理解できる。

2-4 デフォルト・インテンシティの推定

上述のとおり、一般的にはハザード・レートと市場ファクターとは相関があるが、ここではその相関がない場合にデフォルト・インテンシティの期待値 $\bar{I}^A\,(t)=E^S\,[I^A\,(t)]$ の推定方法について説明する。デフォルト・インテンシティ（の期待値）は、CDS（クレジット・デフォルト・スワップ）の市

場レートから推定することができる。

2-4-1 CDSの評価

　ハザード・レートが与えられているとして、CDS スプレッド K の CDS のプライスを分析する。CDS については補遺 5 を参照。時点 T_{i+1} に支払われる固定金利 $\delta_i K$ について、これが支払われるのは時点 T_{i+1} までにデフォルトが起きなかったときだけである。つまりこの金利の価値は参照資産 A のゼロクーポン・ボンドの価値に $\delta_i K$ を掛けたものである。ハザード・レートが $\lambda^A(t)$ のとき上でみたとおり、この固定金利の価値は、

$$\delta_i K \hat{D}^A(0,\ T_{i+1}) = \delta_i K D(0,\ S) E^S\left[\frac{\exp\left(-\int_0^{T_{i+1}} \lambda^A(u)\,du\right)}{D(T_{i+1},\ S)}\,\bigg|\,F_0\right]$$

となる。一方、デフォルト時のプロテクションの価値は期間 $\tau \sim \tau + d\tau$ について、

$$(1-R_A)\bar{J}^A(0,\ \tau)d\tau = (1-R_A)D(0,\ S)E^S\left[\frac{\exp\left(-\int_0^T \lambda^A(u)\,du\right)\lambda(T)}{D(T,\ S)}\,\bigg|\,F_0\right]$$

となるので、CDS の全期間については、

$$(1-R_A)\int_0^{T_{N+1}} \bar{J}^A(0,\ t)\,dt$$

となる。また固定金利の調整が支払われる価値は、

$$\int_0^{T_{N+1}} (t - T_{\eta(t)-1})\hat{J}^A(0,\ t)\,dt$$

となる。

　ここで $\eta(t)$ とは $t \leq T_n$ となる最小の n。CDS の固定金利（CDS スプレッド）は CDS の現在価値が 0 となる金利として市場でクオートされている。したがって市場の CDS スプレッド K は次の関係を満たす。

$$K\sum_{i}^{N}\delta_i\hat{D}^A(0,\ T_{i+1})+\int_0^{T_{N+1}}(t-T_{\eta(t)-1})\hat{J}^A(0,\ t)\,dt=(1-R_A)\int_0^{T_{N+1}}\hat{J}^A(0,\ t)\,dt$$

（式 2 − 6 ）

ハザード・レートのモデル（と金利のモデル）が与えられたとき、この式を解くことによりモデルのパラメータをキャリブレーションできる。

金利とクレジット・スプレッドの間に相関がないとき式 2 − 4 と式 2 − 5 を使うと式 2 − 6 は、

$$K\sum_{i}^{N}\delta_i D(0,\ T_{i+1})\bar{P}^A(T_{i+1})+\int_0^{T_{N+1}}(t-T_{\eta(t)-1})D(0,\ t)\bar{I}^A(t)\,dt$$

$$=(1-R_A)\int_0^{T_{N+1}}D(0,\ t)\bar{I}^A(t)\,dt$$

となる。これはデフォルト・インテンシティと生存確率が確定的な関数と仮定したときの式（でデフォルト・インテンシティと生存確率をそれらの期待値で置き換えたもの）と同等になる。したがって、相関がないときデフォルト・インテンシティと生存確率を確定的な関数と考えて CDS スプレッドにキャリブレーションすることができる。また CVA のプライシングにおいても、これらを確定的な関数と考えることができる。このとき $\bar{I}^A(t)=\dfrac{\partial\bar{P}^A(t)}{\partial t}$

であるので、$\bar{P}^A\ (t)$ について適当な関数形を仮定することにより CDS スプレッド K からデフォルト・インテンシティ（またはハザード・レート）を推定することができる。

ここでハザード・レートが確率的でないときのおおざっぱな近似式を与えておく。左辺において金利が大きくないとき、ディスカウントの影響は無視できる。さらにデフォルトする確率が小さいとして生存確率を 1 と仮定できるとする。このとき $\bar{I}^A\ (0,t)=\lambda^A\ (t)$ と近似できるので、ハザード・レートが期間 $[0,\ T_{N+1}]$ で定数のとき、式 2 − 6 は、

$$KT_{N+1}=(1-R^A)\,T_{N+1}\lambda^A$$

となる。つまりCDSスプレッドKは近似的にハザード・レートにリカバリー・レートを掛けたものである。

$$K = (1 - R^A) \lambda^A$$

　CVAの計算においてクレジット・スプレッドはCDSの市場に厳密にキャリブレーションされている必要があるが、直観的には常にハザード・レートをこの近似式で理解することができる。

　カウンター・パーティAのリカバリー・レートR^Aについては事前に知ることは困難な量であり、モデル化することについても（著者の知る範囲では）成功していない。したがってリカバリー・レートについてはカウンター・パーティの業種等から決められた値を使い、定数と仮定する。

第 3 章

CVA モデルの概略

3-1 CVA モデルはポートフォリオのモデル

　前章までに述べてきたCVAの特徴を前提として、CVAモデルの概略を本節で説明する。いままで述べてきたとおり、クレジット・スプレッドと市場ファクター（金利および為替）の相関がないとき、CVAの計算はネッティング・セット（ポートフォリオ）について、その価値の将来の確率分布（EPE）を計算することになる。したがって、将来の市場のファクターのシナリオをつくり、そのシナリオのもとでのポートフォリオの上でのデリバティブのプライスを計算しなければならない（図3−1）。ここでデリバティブのプライスは、そのデリバティブが将来もたらすキャッシュフローの条件付期待値になる。つまり**CVAの計算とは、モンテカルロ・シミュレーションのパス上で将来時点での条件付期待値を計算することになる。**

　すでに述べたとおり、ポートフォリオのなかのデリバティブは、一般に多

図3−1　デリバティブの価値

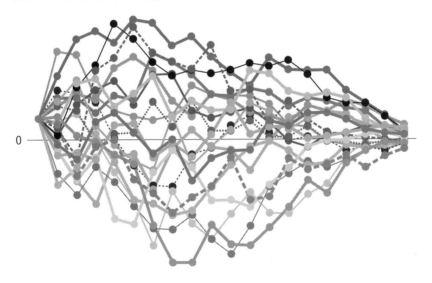

0

図3－2　デリバティブの価値は条件付期待値

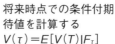

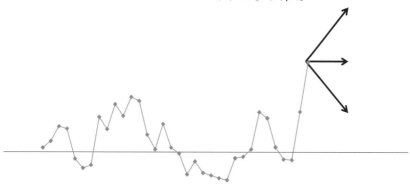

将来時点での条件付期
待値を計算する
$V(\tau)=E[V(T)|F_\tau]$

くの通貨の金利および為替に依存する。したがって、市場ファクターは非常
に多くのファクターとなる。つまりシナリオの作成は多くの通貨の金利と為
替のシナリオを同時につくらなければならない。本節では金利と為替のシナ
リオの作成とそのシナリオのもとでのポートフォリオのプライシングの概要
を説明する。

　最初に CVA を計算する通貨（基本通貨）を決め、それを本書では Cr_0 と
書く。これはどの通貨でもいいが、多通貨のモデルは米国ドル（USD）を
基本にする場合が多いので、本書では USD を想定する。一般にはネッティ
ング・セットのなかにはさまざまな通貨の金利デリバティブが含まれてい
る。基本通貨以外のネッティング・セットに入っているデリバティブの通貨
を $Cr_1, \cdots, Cr_{N-1}$ とする（ネッティング・セットには N_{Cr} 個の通貨のデリバ
ティブが含まれているとする）。

　本書では銀行の CVA デスク（または XVA デスク）で使うモデルを想定
しているので、常にわれわれは銀行（B）であるとして、顧客（A）とのデ
リバティブ取引の CVA（または他の XVA）モデルを想定する。

　銀行 B における、あるカウンター・パーティ A との間の CVA のプライス

を次のように計算する。CVA のキャッシュフローとは将来 A がデフォルトしたときの損失額であるので、そのマルチンゲール確率のもとでの期待値が CVA となる。A の将来時点 t でのデフォルトする確率（デフォルト・インテンシティ）を $I^A(t)$、とする。ただし B が損失を被るのは A が B より先にデフォルトした場合だけである（B のほうが先にデフォルトしたときは A が損失を被る。これは DVA として評価される）ので、A のデフォルトが時点 t に起こり、しかもそれが B のデフォルトより先である確率を $I^{A;B}(t)$ とする。当然 $I^A(t) > I^{A;B}(t)$ となる。通常の場合は $I^{A;B}(t)$ と $I^A(t)$ の差は非常に小さい。したがって、本書では A の CDS スプレッドから推定した A のデフォルト確率 $I^A(t)$ を $I^{A;B}(t)$ として使う。必要があれば $I^{A;B}(t)$ と $I^A(t)$ の差はガウシアン・コピュラ（Gaussian Copula）等により評価できる（詳しくはたとえば［Green］等を参照）。後に DVA の計算に必要となる B のデフォルトが時点 t に起こり、しかもそれが A のデフォルトより先である確率もここで定義しておき、それを $I^{B;A}(t)$ とする。

次に B と A の間にデリバティブ取引が M 個あり、それぞれの時点 t での（基本通貨での）評価（PV）を $v_i(t)$ $(i=1, \cdots, M)$ とする。本書では、CVA を計算する時点は 0 として、当然すべてのデリバティブ取引の時点 0 の PV である $v_i(0)$ は通常のプライシング・モデルにより CVA を計算する以前に計算されている。ここで CVA において新しく必要になることは将来時点のプライス $v_i(t)$ の確率過程である。

将来時点 t での B にとっての A との取引のイクスポージャ（A がデフォルトしたときリスクにさらされる金額）は時点 t でのすべての取引の（基本通貨で表した）プライスを合計した、

$$V(t) = \sum_{i=1}^{M} v_i(t)$$

の正の部分、

$$V^+(t) = \max(V(t),\, 0)$$

である。ここでプライス$v_i(t)$はカウンター・パーティおよび銀行のデフォルト・リスクのないときのプライスである。

　次に基本通貨におけるプライシングする測度（プライシング測度）を決め、対応するニューメレールを$N(t)$とする。本書においてCVAのプライシングにおいては第1章で述べたように基本的にフォワード測度を使うとする。

　このとき、期間$t\sim t+dt$の間にAがデフォルトする確率は$I^{A;B}(t)$だから、そのときの損失は、

$$-(1-R^A)V^+(t)I^{A;B}(t)dt \qquad （式3-1）$$

となる。ここでR^AはAがデフォルトしたときのリカバリー・レートで損失はBにとって負のキャッシュフローなので、負号を最初につけた。したがって、そのプライシング測度における期待値は、

$$(R^A-1)E^N\left[\frac{V^+(t)\,I^{A;B}(t)\,dt}{N(t)}\,|\,F_0\right]$$

となる。CVAとはカウンター・パーティのデフォルトによる損失の価値であるので、これは上記の期待値をすべての取引の終わる期間まで足したものである。したがってCVAは、

$$CVA=(R^A-1)\int_0^T E^N\left[\frac{V^+(t)\,I^{A;B}(t)}{N(t)}\,|\,F_0\right]dt$$

となる。ここでTはネッティング・セットのなかの取引の期間でいちばん長いものとなる。

　ここでデフォルト・インテンシティが市場のファクターと独立なとき、デフォルト・インテンシティの期待値は上記の条件付期待値と独立にとることができるので、CVAは、

$$CVA = (R^A - 1) \int_0^T \overline{I}^{A;B}(t) \, E^N \left[\frac{V^+(t)}{N(t)} \middle| F_0 \right] dt$$

ここで $\overline{I}^{A;B}(t) = E[I^{A;B}(t)|F_0]$ となる。つまり、このときデフォルト・インテンシティは確定的な関数として扱うことができる。

ここで $v_i(t)$ は将来時点 t におけるデリバティブのプライスであるので、当然条件付期待値で表される。たとえばこれが基本通貨の商品であれば CVA の評価と同じ確率測度を使い、キャッシュフロー $\{cf_1(T_1), \cdots, cf_m(T_m)\}$ が $\{T_1, \cdots, T_m\}$ にある場合は $(t < T_1)$、

$$v_i(t) = N(t) \sum_j^m E^N \left[\frac{cf_i(T_j)}{N(T_j)} \middle| Ft \right]$$

となる。

一般的にはネッティング・セットのなかにはさまざまな商品のデリバティブがあり、そのデリバティブのキャッシュフローが基本通貨以外の通貨 f であるとき、通貨 f と基本通貨との為替レートのプロセスを $fx(t)$ と表すと、

$$v_i(t) = fx(t) fN(t) \sum_j^m E^{fN} \left[\frac{v_i(T_j)}{fN(T_j)} \middle| Ft \right]$$

となる。ここで $fN(t)$ は通貨 f におけるニューメレールで $E^{fN}[\ ]$ はそれに対応する確率測度となる。

デフォルト・インテンシティと市場のファクターとの間に相関がある場合の問題点については後に議論する。それまでは市場ファクターとカウンター・パーティのデフォルト・リスクは相関がないとする。

式3−1について詳しく考えてみる

　正確にいうと、CVA の価値とはデフォルトが起きたときの損失額の期待値であり、その損失額はその時点におけるイクスポージャである。したがって、CVA の価値はデフォルト時点を $\tau^{A;B}$ とすると、

$$E^N\left[\frac{V^+(\tau^{A;B})}{N(\tau^{A;B})}\,|\,F_0\right]$$

となる。ここで期待値は市場のファクターとデフォルト時点の両方についてとっている。また、$\tau^{A;B}$ はカウンター・パーティが（銀行のデフォルトよりも早いという条件で）デフォルトした時点である。つまりプライシングにおいては、デフォルト時点をモンテカルロ・シミュレーションでシミュレーションし、同時に市場のファクターとそれに依存するデリバティブのプライスも評価しなければならない。しかし、このデフォルト時点とイクスポージャを同時にシミュレーションする方法は特にデリバティブのプライスがパスに依存する早期償還性をもつ商品等に応用するとき効率的でない。

　以上の理由により次のように式を変形して考える。

$$E^N\left[\frac{V^+(\tau^{A;B})}{N(\tau^{A;B})}\,|\,F_0\right]=E^N\left[\int_0^T \delta(t-\tau^{A;B})\frac{V^+(t)}{N(t)}\,dt\,|\,F_0\right]$$

$$=E^N\left[\int_0^T E^{\tau^{A;B}}\left[\frac{V^+(t)}{N(t)}\delta(t-\tau^{A;B})|\,I^{A;B}(\ \ )\right]dt\,|\,F_0\right]$$

$$=E^N\left[\int_0^T E^{\tau^{B;A}}\left[\frac{V^+(t)}{N(t)}|\,I^{A;B}(\ \ )\right]E^{\tau^{A;B}}[\delta(t-\tau^{A;B})|\,I^{A;B}(\ \ )]\,dt\,|\,F_0\right]$$

$$=E^N\left[\int_0^T E^{\tau^{B;A}}\left[\frac{V^+(t)}{N(t)}|\,I^{A;B}(\ \ )\right]I^{A;B}(t)\,dt\,|\,F_0\right]$$

$$=E^N\left[\int_0^T I^{A;B}(t)\frac{V^+(t)}{N(t)}\,dt\,|\,F_0\right]$$

　ここで１〜２行目においては期待値のなかでデフォルト・インテンシティが与えられたときの条件付期待値を分離してタワー則を使った。２〜３行目はデフォルト時間が市場のファクターと独立であるという仮定(I)を使った。

3～4行目はデフォルト・インテンシティの定義を使い、5行目でデフォルト・インテンシティに関する条件付確率をタワー則を逆に使い全体の期待値に統合した。このようにしてCVAの計算をデフォルト時点をシミュレーションする表式から、デフォルト・インテンシティをシミュレーションするかたちに変換した。

3-1-1 CVAの計算における確率測度について

前節においてCVAはデリバティブのプライシングと同様にマルチンゲール測度（リスク中立測度）で評価するとした。CVAは会計上、規制上またCVAデスクにおいてCVAのヘッジのためと三つの使用法がある。CVAデスクで使う場合は、CVAの公正な価値（ヘッジコスト）を表さなければならないので、リスク中立確率のもとで評価しなければならない。また、会計上または規制上の評価としても、リスク中立確率が使われている。したがってここでは、常にリスク中立確率のもとで期待値を計算するとする。

3-1-2 部分的に担保が差し入れられる取引について

いままで担保について、担保付取引と担保なし取引の2種類だけがあると仮定し、担保付取引については取引のその時点のネッティング・セットのデリバティブの価値と同じ金額が現金で毎営業日（理論的には連続的に）差し入れられるとしてきた。担保の差入れの方法についてはCSAにより定められており、実際には担保の金額はデリバティブの価値とまったく同じではない場合がある。また特に顧客との取引においてはオペレーションを簡単にする仕組みがいくつか取り入れられる場合が多い。ここでは担保の金額がデリバティブと同じでなくなる仕組みについて説明する。それらがあるとき、担保付きの取引でもCVAが存在するが、それがプライシング・モデルでどのように扱われるかも説明する。ここではCVAに影響を与える、極度額（Threshold）、最低受渡額（Minimum Transfer Amount）、独立担保額（Independent Amount）について説明する。

　極度額が設定されている取引においては、イクスポージャがあるレベルに
達するまでは担保を差し入れる必要がない。極度額は（銀行にとって）正の
イクスポージャについて設定されている額と、負のイクスポージャについて
設定されている額が独立に決めることができる。極度額が設定されている場
合、イクスポージャがその額以下の場合は担保が差し入れられず、またその
額を超過している場合もその超過分だけについて担保が差し入れられるの
で、正のイクスポージャについての極度額がHのとき、ネッティング・セッ
トのデリバティブ・ポートフォリオの価値が$V(t)$のとき銀行にとっての
カウンター・パーティのイクスポージャは、

$$\text{Exposure}\,(t) = \max\,(\min\,(V(t), H), 0)$$

となる。

　デリバティブ・ポートフォリオのプライス$V(t)$とは無関係にある金額
IAを差し入れなければならない契約のとき、IAを独立担保額と呼ぶ。極度
額Hと独立担保額IAが設定されているとき、プライス$V(t)$のデリバティ
ブ・ポートフォリオのイクスポージャは、

$$\text{Exposure}\,(t) = \max\,(\min\,(V(t) - IA, H - IA), 0)$$

　担保の授受のオペレーションの負荷を軽減する目的で最低受渡額が導入さ
れることがある。これはたとえば最低受渡額がJのとき、デリバティブの価
値の変化がJを超えたときに初めて担保を入れることになる。

　イクスポージャをデリバティブ（のポートフォリオ）の価値$V(t)$の関
数 Exposure$(V(t))$とみたとき、ここに記したような担保の差し入れる方
法によりその関数形が定められる。たとえば担保化されていない取引につい
て担保の額$C(t)$は$C(t)=0$となり、イクスポージャは、

$$\text{Exposure}\,(V(t)) = V^{+}(t)$$

となる。完全に担保化されているとき担保の額 $C\,(t)$ は $C\,(t) = V\,(t)$ となり、

$$\text{Exposure}\,(V\,(t)) = 0$$

となる。上記の仕組みがあるとき、関数形はこの二つの場合の中間となる。CVA モデルにおいてはデリバティブ・ポートフォリオの価値 $V\,(t)$ は後に説明するようにシミュレーションされるので、イクスポージャを Exposure $(V\,(t)) = V^+\,(t)$ から任意の関数形に置き換えるだけで本節で説明したような CSA 契約に関してもわれわれの CVA モデルは適用可能である。したがって、本書では今後担保のまったく入っていない取引の CVA のみを議論する。

3-2 ‖ 簡単な CVA の例 (ネッティングを考慮しない例)

本格的な CVA のモデルについては後の章で述べるが、本章でいくつかの金利デリバティブについて一つのトレードだけの CVA について定性的な性質を調べて、CVA のいくつかの性質を明らかにする。

3-2-1 CVA はオプション性を加える

スワップ取引の CVA を分析し CVA の評価の基本的な性質を調べていく。テナー構造 (連続的な時点の列)

$$[T_0 = 0,\ T_1,\ \cdots,\ T_{m+1}]$$

上で金利の交換を行うストライク K のペイヤーズ・スワップを考える。時点 T_i でのイクスポージャは T_i で観測されるスワップの T_i 以降の金利交換の価値となる。ここでは T_i における金利の交換が終わっているとして、時点 T_{i+1} 以降の金利の交換の価値を考える。時点 T_i におけるスワップの価値は、

$$V(T_i) = \sum_{j=i}^{m} \delta_j L_j(T_i) D(T_i, \ T_{j+1}) - K \sum_{j=i}^{m} \delta_j D(T_i, \ T_{j+1})$$

となる。ここで CVA は積分をテナー時点上の離散的な時点で近似すると、

$$CVA = (R^B - 1) \sum_{j}^{m} I^{A;B}(T_j) E\left[\frac{V^+(T_j)}{N(T_j)} \,|\, F_0 \right]$$

となる。この式から明らかなようにスワップ取引の CVA はコターミナル・ヨーロピアン・スワップションのプライシングをそのテナー時点にわたって繰り返すことになる。**つまり CVA の評価はデリバティブ取引にオプション性を加えることになる。**このスワップ取引の CVA に関しては、ブラックの公式により厳密に計算することができる。

$$CVA = (R^B - 1) \sum_{j}^{m} I^{A;B}(T_j) Black(K, \ T_j) dT_j$$

$$dT_j = T_{j+1} - T_j$$

　ここでコターミナル・スワップションであることからわかるように、この一つの取引のスワップの長さは計算時点が進むことに従って小さくなっていく。一方オプション性についてはオプションの行使までの時間が長くなるに

図3－3　スワップのイクスポージャ

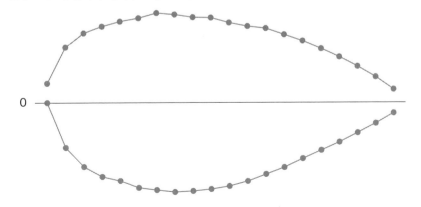

従ってオプションの価値が大きくなっていくので、スワップ取引のイクス
ポージャは計算時点に対して図3-3のようになる。

3-2-2 ネッティングを考慮しないコーラブル商品のCVA（ネッティングを考慮しなければグリッド（ツリー）で簡単に計算できる）

　すでに述べたとおり、CVAの計算はネッティング・セットのなかのすべ
てのデリバティブについて同時にそれらのプライスの将来の分布を計算しな
ければならない。そのため計算負荷が大きくまたプライサーも複雑なものと
なる。しかしネッティング・セットのなかに一つだけデリバティブ取引があ
る場合は一般にCVAの計算は簡単なものになる。前節でスワップ取引が一
つだけネッティング・セットにある場合のCVAの計算について分析した
が、本節ではグリッドでプライシングすることのできるエキゾチック・デリ
バティブ（バミューダン・スワップションとする）がネッティング・セット
のなかに一つだけあり、金利とクレジット・スプレッドの間に相関がないと
きのCVAの計算について説明する。金利とクレジット・スプレッドの間に
相関がないとき、CVAは以下のように表される。

$$CVA = (R^B - 1) \int_0^T I^{B;A}(t) E^N \left[\frac{V^+(t)}{N(t)} \mid F_0 \right] dt$$

ここで $V(t)$ はバミューダン・スワップションの時点 t におけるプライスを
表す確率変数である。バミューダン・スワップションはツリーでよく評価さ
れる。バミューダンのプライシングをすると図3-4のように時点 t_i にお
けるツリー上のプライス v_{ik} がその過程で評価される。ここで図3-4のよ
うに $k \geq 6$ について $v_{ik} < 0$ で $k \leq 5$ について $v_{ik} > 0$ のとき、時点 t_i のEPE
は v_{ik} を $k \geq 6$ については0に置き換えたものをツリーを使い現在価値を評
価することにより計算できる。つまりバミューダン・スワップションについ
てもネッティング・セットのなかに一つだけあるときは、一度評価した後に
もう一度ツリーでの割引を行うことにより計算できる。つまりCVAのむず

図3－4　ツリーによる CVA の計算

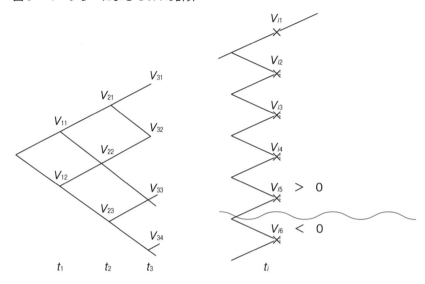

かしさは、ほとんどすべてネッティング・セットのなかに多くの種類のデリ
バティブ取引が存在することに起因する。

第 4 章

CVA モデルの実際

本章でクレジット・スプレッド（ハザード・レート）と市場のファクター（金利、為替）の相関がない場合のCVAモデルについて詳しく述べる。相関がある場合については後の章で述べる。

4-1 CVAモデルはクロス・カレンシー・モデルの組合せ

　前章までに述べたとおりCVAの評価においてはネッティングを考慮し、将来時点のネッティング・セットのポートフォリオ全体のプライスをシミュレーションしなければならない。このポートフォリオのなかには一般にはいくつもの種類のエキゾチック金利デリバティブがある。またそれらには一般にはさまざまな通貨の商品が含まれ、またクロス・カレンシー商品も含まれている。多くの場合、時点tでのデリバティブ取引のプライス$v(t)$は、その時点での金利、為替等の状態を表すマルコフ変数の列（$x_1(t), \cdots, x_p(t)$）の関数となる（$v(t) = v(t, x_1(t), \cdots, x_p(t))$）（例外については後に述べる）。したがって、CVAの評価においては多くの通貨の金利とそれらの間の為替を同時にシミュレーションし、それらの将来のシナリオをつくらなければならない。つまりCVAモデルはクロス・カレンシー・モデル（cross currency model）を組み合わせて構成される。

　ここではポートフォリオ（ネッティング・セット）に影響する通貨がN個あるとして、それらの通貨を$Cr_0, Cr_1, \cdots, Cr_{N-1}$とする。また当然CVAの評価を表す通貨（基本通貨）が必要で、それ（通常はUSD）を前章で述べたようにCr_0とする。基本通貨以外の通貨は、$Cr_1, \cdots, Cr_{N-1}$と$N-1$個ある。次に、基本通貨と他の通貨との間の為替をFx_{0i}とする（$i=1, \cdots, N-1$）（Cr_i 1単位がCr_0でFx_{j0}を意味する）。当然基本通貨以外の通貨同士の間の為替は、基本通貨との間の為替で表すことができる。たとえば、Cr_iとCr_jの間の為替はFx_{i0}/Fx_{j0}で表される。またCVAのモデルはクロス・カレンシーの金利モデルを流用して構成するので、**基本通貨を国内通貨、それ以外の通貨を外貨と呼ぶこともある**。結局、通貨の数がN個のときCVAの計

図4−1　CVA モデルはクロス・カレンシー・モデル

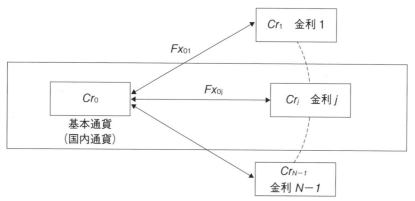

すべての金利と為替を同時にシミュレーションしなければならないが、キャリブレーションは、それぞれの通過ペアごとに別個に行える

算においては金利と為替であわせて最低でも$2N-1$個のファクターが必要である（金利のファクターに関しては多くの場合、2ファクター以上のモデルが必要であり、その分実際にはファクターの数は増えるが、本章では金利は1ファクターとする）。ここで、プライシングにおいていちばん計算負荷の大きいキャリブレーションについては、基本通貨をキャリブレーションした後は、基本通貨と外貨のペアごとに外貨金利と為替をキャリブレーションすればよいので、クロス・カレンシー・モデル（国内通貨と外貨の金利とそれらの間の為替のモデル）で使われるテクニックをそのまま使うことができる。つまり CVA の計算において、市場ファクター（金利と為替）の部分については、クロス・カレンシー・モデルを基本通貨と外貨それぞれについて繰り返し適用することによりキャリブレーションができる。

　ここで為替のキャリブレーションにおいて、**基本通貨とそれ以外の通貨（外貨）との組合せの為替がキャリブレーションされる。外貨同士の間の為替について、そのボラティリティについてはモデル上は外貨同士の相関係数がそのボラティリティを制御することになる。つまり外貨同士の相関係数（のターム・ストラクチャー）は外貨同士のボラティリティにキャリブレー**

ションされることになる。

　またCVAの計算をする金利（および為替とのハイブリッド）デリバティブ取引のポートフォリオにおいて、そのキャッシュフローのなかでいちばん長いものの時点より後の時点Sを定め、その**時点Sをわれわれが構成するモデルにおける時点の地平（限界）**として定める。

　ここでもう一度CVAの評価において計算しなければならない量を述べると、

$$CVA = (R^B - 1)\int_0^T I^{A;B}(t)E^N\left[\frac{V^+(t)}{N(t)} \mid F_0\right]dt$$

である。ここで$V(t)$はネッティング・ポートフォリオのなかのデリバティブのプライス、

$$V(t) = v_1(t) + v_2(t) + \cdots + v_N(t)$$

であり、それぞれのデリバティブのプライスはそのデリバティブの将来のキャッシュフローの条件付期待値、

$$v_i(t) = Fx_{j0}(t)M(t)\sum_k^{N_{cf}} E^M\left[\frac{cf_k^i(T_k)}{M(T_k)} \mid F_t\right] \qquad \text{（式4-1）}$$

で表される。ここでこのデリバティブは時点T_kにキャッシュフロー$cf_k^i(T_k)(k=1, \cdots N_{cf})$があるとする。またデリバティブは一般には基本通貨以外の通貨であるので、その価値を基本通貨での価値に変換するため為替レート$Fx_{j0}(t)$を掛けている（通貨はCr_jとし、基本通貨のデリバティブのときは$Fx_{00}(t)=1$とする）。ここで一般的には、デリバティブのプライシングを行う測度MとCVAの計算を行う測度Nとは異なってもいい。本書ではCVAの評価に使う測度Nは基本通貨でのSフォワード測度、つまりディスカウント・ファクター$D_0(t, S)$をニューメレールとする。またデリバティブの評価はそのデリバティブの通貨でのSフォワード測度（ニュー

メレールは $D_j(t, S)$) を使うとする。

　結局、CVA の計算は将来のデリバティブ・ポートフォリオのプライス $V(t) = v_1(t) + \cdots v_M(t)$ の条件付期待値、

$$E^N \left[\frac{V^+(t)}{N(t)} \mid F_0 \right]$$

の計算に帰着する。したがって CVA モデルは将来時点のポートフォリオのプライス $V(t)$ の分布を与えるものであればよい。CVA において市場のファクターのシナリオの生成は必然的に（次元の非常に高い）マルチ・ファクターのモデルとなるので、グリッドによる計算は実質的に不可能でありモンテカルロ・シミュレーションが必要となる。モンテカルロ・シミュレーションにおいては $2N-1$ 次元の市場ファクターのシナリオのパスを生成し、そのパスの上でのデリバティブ・ポートフォリオのプライス $V(t)$ を計算すればいい。たとえば市場ファクターが状態変数 $\{x_0(t), \cdots, x_{2N-2}(t)\}$ で表されるとすると、ポートフォリオのプライスは多くの場合は状態変数の関数 $V(t) = V(x_0(t), \cdots, x_{2N-2}(t))$ となる[1]のですべてのパスについて、（ニューメレールで割った）ポートフォリオのプライスの平均をとれば条件付期待値、

$$E^N \left[\frac{V^+(t)}{N(t)} \mid F_0 \right]$$

を計算することができる。

　ここでもう一度シナリオをモンテカルロ・シミュレーションで生成したときの CVA の計算をまとめる。ここでモンテカルロ・シミュレーションのパスの数を N_{path} とする。

(1) 図 4-2 のようにモンテカルロ・シミュレーションで市場ファクターの

1　ポートフォリオのプライスが時点 t での状態変数だけの関数では表されないデリバティブ商品が多くあることを後の章でみていく。

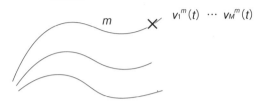

図4-2　モンテカルロ・パス上でのデリバティブ
　　　　の価値

シナリオのパスをつくる。ここで実際にはシナリオは$2N-1$次元の状態変数により表される。

(2)　m番目のパス上でポートフォリオのなかのデリバティブの基本通貨でのプライス$v_1^m(t), \cdots, v_M^m(t)$を計算する（$m=1, \cdots N_{path}$）。次にポートフォリオのデリバティブの価値の和からポートフォリオの価値を計算する。

$$V^m(t) = v_1^m(t) + \cdots + v_M^m(t)$$

(3)　シナリオのパス上でニューメレール$N(t) = D_0(t, S)$を計算する。これは基本通貨のディスカウント・ファクターであるので簡単にできる。

　(3)、(2)で計算したポートフォリオの価値の正の部分の平均を計算し、エクスペクティッド・ポジティブ・イクスポージャ（EPE）を計算する。

$$EPE(t) = \left(\frac{1}{N_{path}}\right) \sum_{m}^{N_{path}} \left(V^m(t)\right)^+$$

　(1)〜(3)をすべての時間グリッドについて計算して、それからCVAを計算する。

　つまり、CVAモデルにおいてクロス・カレンシー・モデル（金利ハイブリッド・デリバティブのモデル）が行うことは、

(a)　市場ファクターのシナリオのパスの生成

(b)　パス上でデリバティブの評価

の二つである。ここで(a)については金利ハイブリッド・デリバティブのモデ

ルの確率微分方程式に従って行うことで特に理論的な困難はない。一方、(b)
についてはネッティング・セットのなかの多くのデリバティブ取引について
行わなければならないが、一般にネッティング・セットのなかにはエキゾ
チック・デリバティブが含まれているので効率的に計算を行わなければなら
ない。これはスワップ等の線形な商品については状態変数の関数として解析
的にできる場合もあるが、エキゾチック・デリバティブについては条件付期
待値（式4-1）を数値的に評価しなければならない。この条件付期待値の
計算法はグリッドを補間する方法とLSMを使う方法がある。これらの方法
については第6章で詳しく解説する。

4-2 モデルの選択

　CVAモデルはクロス・カレンシー・モデルの組合せで構成される。ここ
で金利と為替についてどのようなモデルを使うべきか議論する。このなかで
金利の部分は特に内容が豊富であるのでよく考えなければならない。金利に
は期間構造があり、原理的には無限次元の自由度を扱わなければならない。
また為替（他の資産も）の確率過程は金利のモデルの上に構成される。つま
り金利のプロセスはすべてのデリバティブ・モデルの基礎となる。

4-2-1 現在多く使われている金利のモデルについて

　CVAとの関係をみる前に、本節で現在グローバルな金融機関で使われて
いる金利デリバティブのモデルについてまとめる。デリバティブのプライシ
ング・モデルのなかで金利デリバティブのモデルは特にむずかしい部分であ
り、さまざまなモデルが考案されてきた。ここでは金利デリバティブのモデ
ルを大きく三つに分ける。一つ目は瞬間的な金利（短期金利またはフォワー
ド金利）をもとにしたモデル。二つ目は市場で実際に取引されている有限な
長さの金利（Libor等）をもとにしたモデル（マーケット・モデルと呼ばれ
る）。三つ目はマルコフ・プロセスをもとにして市場の金利はそのマルコ

フ・プロセスの汎関数として与えられるモデルでマルコフ・ファンクショナル・モデルと呼ばれる。

　瞬間的な金利をもとにしたモデルは伝統的によく使われてきて、実際に多くのグローバルな金融機関ではいまでも金利デリバティブのプライシング・モデルとして中心的な役割を果たす。これは短期金利をもとにしたモデルと（瞬間）フォワード金利をもとにしたモデルに分かれるが、実際には短期金利をもとにしたモデルもフォワード金利をもとにしたモデル（HJM モデルと呼ばれる）の枠組みで定式化することができる。フォワード金利 $f(t, T)$（$t<T$）とはディスカウント・ファクターから次の式で与えられる。

$$f(t, T) = -\frac{\partial \ln D(t, T)}{\partial T}$$

　つまりフォワード金利は無限に短い期間 $T \sim T+\delta$（δ は無限小）に貸し借りをする金利を時点 t に観測したものである。フォワード金利は金利の発生する時点 T に対応して無限自由度をもつ。フォワード金利の確率過程はリスク中立測度のもとで、

$$df(t, T) = \sigma(t, T, \omega)\int_t^T \sigma(t, u, \omega)du + \sigma(t, T, \omega)dW(t) \quad (\text{式} 4-2)$$

というかたちになる。ここでドリフト項のかたちはモデルがアービトラージ・フリーである条件から決められる。またここでボラティリティ $\sigma(t, T, \omega)$ は、一般には確定的な関数ではなく確率的な状態変数に依存する。この状態変数は ω で表されるとしている。したがって、これは一般的にマルコフ・プロセスではなく、数値計算の負荷が大きい。フォワード金利のこのかたちのモデルを総称して HJM モデルと呼ぶ。本書で扱うフォワード金利と短期金利のモデルはすべてこの HJM モデルの枠組みのなかに入る。

　フォワード金利をもとにしたモデルは無限自由度をもちなんらかの単純化をしなければ数値計算を実装することはできない。単純化する方法の一つは、$T \rightarrow t$ とした短期金利の確率過程をモデル化する方法である。

$$r(t) = \lim_{T \to t} f(t, \, T)$$

　短期金利は観測時点からの無限に短い期間の貸し借りに対応する金利である。短期金利のモデルのなかで最も頻繁に使われてきたものが Hull-White モデルである。Hull-White モデルにおいて短期金利は次の確率微分方程式を満たす。

$$dr(t) = (\theta(t) - a(t)r(t))dt + \sigma(t)dW(t)$$

　この式のかたちからわかるように Hull-White モデルにおいて短期金利は決まった水準 $\theta(t)/a(t)$ に近づいていく性質があり、これを中心回帰（mean reversion）と呼ぶ。

　Hull-White モデルにおいてはディスカウント・ファクターが（つまりすべての金利が）短期金利の汎関数として解析的に計算できるという長所がある。またマルコフ・プロセスをもとにしているので数値計算においてモンテカルロ・シミュレーションだけでなくツリーや FDM を使うこともできる。Hull-White モデルにおいてはプレインバニラ・スワップションのプライスについても Jamshidian トリックと呼ばれる方法により解析解が存在するが、さらに高速な近似式も知られている。したがってキャリブレーションも高速にできる。

　Hull-White モデルにおいては Libor 等の市場の金利の分布がディスプレイスト・ディフュージョン（displaced diffusion）に従うのでそれが負になる確率が存在する。伝統的には金利は負になることはないとしてデリバティブのモデルは構成されてきたので、金利が有限の確率で負になるという性質は Hull-White モデルの短所と考えられてきた。しかし現在（2022年）においては負の金利は頻繁に観測され、この性質は欠点とはならない。また Libor がディスプレイスト・ディフュージョンに従うということはスキューをもっていることになるが、Hull-White モデルにおいてはスキューの強さを制御することはできない。したがって、Hull-White モデルをスキューに対応す

るモデルとして使うことはできない。Hull-White モデルについては後の節で詳しく議論する。短期金利をもとにしてスキューを制御できるモデルとしてはクオードラティック・ガウシアン・モデル（quadratic Gaussian model）と呼ばれるものがある。Hull-White モデルにおいて、ディスカウント・ファクターはガウシアン・プロセスの線形関数の指数関数であるが、クオードラティック・ガウシアン・モデルにおいてはそれがガウシアン・プロセスの二次関数の指数関数であるので、クオードラティック・ガウシアン・モデルと呼ばれる。

　HJM モデルでボラティリティが分離可能つまり $\sigma\,(t,\,T,\,\omega)\!=\!g\,(T)\,h\,(t,\omega)$ と表されるとき、HJM モデルは低次元のマルコフ・プロセスで表される。このようなクラスのモデルのなかで多くの金融機関で使われているモデルの一つに Cheyette モデルがある。1 ファクターの Cheyette モデルは次のような確率微分方程式を満たす二つの変数で表される。

$$dx(t) = (y(t) - a(t)x(t))dt + \eta(t,\,x(t),\,y(t))dW(t)$$

$$dy(t) = \big(\eta^2(t,\,x(t),\,y(t)) - 2a(t)y(t)\big)dt$$

ここで $y\,(t)$ のプロセスは確定的にみえるがそのドリフトに $x\,(t)$ の関数となるため確率的な変数であることに注意したい。1 ファクターの Cheyette モデルは二つの状態変数についてマルコフとなる。またここでボラティリティ $\eta\,(t,x\,(t),y\,(t))$ がローカル・ボラティリティの役割を果たす。したがって Cheyette モデルにおいてはボラティリティ・スキューを自然に導入することができる。Cheyette モデルにおいてはディスカウント・ファクターは解析的に、

$$D(t,\,T) = \frac{D(0,\,T)}{D(0,\,t)} \exp\!\Big(-G(t,\,T)x(t) - \frac{1}{2}G^2(t,\,T)y(t)\Big)$$

ここで $G(t, T) = \int_t^T \exp\left(-\int_t^u a(s)ds\right)du$ となる。つまり、Cheyette モデル

において金利はすべてマルコフ・プロセスの線形な汎関数（の指数関数）と

なる。したがって、Cheyette においてはプライシングは高速に行うことが

できる。N 次元の Cheyette モデルは $N(N+3)/2$ 次元のマルコフ・プロセ

スとなり次元を増やすことにより確率ボラティリティを導入することができ

る。

　二つ目のマーケット・モデル（Market Model）のなかで特に Libor

Market Model（LMM）は1990年代後半から使われるようになった。LMM

は市場で取引されている金利であるフォワード Libor をもとにモデルが構成

されている。フォワード Libor は離散的なフォワード金利であり HJM モデ

ルを離散化したものと考えてもいい。これは市場で金利（Libor）のボラ

ティリティを表すブラックの公式と整合がとれていることから1990年代後半

以降、人気を博してきた。

　LMM はフォワード Libor のボラティリティと相関の構造を原理的にはす

べて取り入れることができるので基本的には市場のボラティリティをすべて

再現できる。また金利エキゾチック・デリバティブのプライスに影響する相

関の構造についても十分な柔軟性がある。以上の利点より、最近は特に金利

エキゾチック・デリバティブにおいては非常に多く使われるようになってき

た。

　ただし LMM はドリフト項が基本的にフォワード Libor 全体により決まる

ため、低次元のマルコフ・プロセスで表すことはできない（式4-2のドリ

フト項の離散モデル版が存在する）。したがって、プライシングには常にモ

ンテカルロ・シミュレーションが必要となる。LMM は市場で取引されてい

る金利のモデルであるので、スキューを導入することが比較的整合的にでき

る。市場ではスワップションのスキューは SABR と呼ばれる確率ボラティ

リティ・モデルで表される場合が多い。スワップションの SABR サーフェ

スと整合的な LMM は SABR／LMM と呼ばれ、いくつかのバージョンのも

のが提案されているが、その一つは、

$$dL_i(t) = \mu_i(t)dt + \alpha_i(t)g_i(t)\left(\frac{L_i(t)}{L_i(0)}\right)^{\beta_i(t)}dW_i(t)$$

$$d\alpha_i(t) = \nu_i(t)\alpha_i(t)dZ_i(t)$$

$$dZ_i(t)dW_j(t) = 0$$

である。ここで $L_i(t)$ $(i=0, \cdots, N)$ はフォワード Libor で $\beta_i(t)$ がスキューを制御し $\nu_i(t)$ がスマイルを制御する。この LMM はスキューとスマイルのパラメータが時間依存性をもち SABR で表されるスワップション・ボラティリティのキューブにフィットする十分な柔軟性をもっている。またここで CEV 型のローカル・ボラティリティ $\left(\frac{L_i(t)}{L_i(0)}\right)^{\beta_i(t)}$ をディスプレイスト・

ディフュージョン型のローカル・ボラティリティ $\frac{L_i(0) - \beta_i(t)(L_i(t) - L_i(0))}{L_i(0)}$

に置き換えることにより、最近市場で頻繁に観測されるネガティブ金利に対応することができる。これはマルコフィアン・プロジェクション（Markovian Projection）およびパラメータ・アベレージ（parameter averaging）等の技術による精緻な近似解によりスワップションのボラティリティに対して有効にキャリブレーションができる。

　三つ目のマルコフ・ファンクショナル・モデル（Markov Functional Model）は、マーケット・モデルのボラティリティおよび相関の構造を保ちながら低次元のマルコフ・プロセスで表されるモデルを目指して開発された。現在市場で使われているマルコフ・ファンクショナル・モデルにおいて、その基礎となるマルコフ・プロセスは（マルコフであるだけでなく）、ドリフトとボラティリティが確定的な関数である伊藤プロセスでなければならない。なぜならばマルコフ・ファンクショナル・モデルは時間グリッドが

離散的なグリッド上で数値積分によりキャリブレーションおよび計算がされ、そのためには上記の条件が必要である。マルコフ・ファンクショナル・モデルは2000年以降に発展し、グローバルな金融機関で使っているところは限られている。また Hull-White モデルについてもマルコフ・ファンクショナル・モデルの特別なものと解釈することができ、マルコフ・ファンクショナル・モデル的に実装する現代的なアプローチがある。本書では Hull-White モデルについてはこの現代的なアプローチで説明する。

4-2-2 FX ハイブリッド・モデルの為替について

次にクロス・カレンシー・モデルにおける為替の部分について説明する。CVA はクロス・カレンシー・モデルであるので、現在 PRDC（Powered Reverse Dual Currency）等のクロス・カレンシー・デリバティブのプライシングに使われているモデルを流用することを考えるのが自然である。クロス・カレンシー・モデルについては金利部分に Hull-White モデルを使い、為替は対数正規分布に従うとしたモデルが最も基本的なモデルとして広く使われてきた。この場合はスキューの制御はできないが為替オプションへのキャリブレーションは厳密解により行うことができる。PRDC 等のハイブリッド・デリバティブにおいては為替のスキューが重要となる。為替のスキューが重要となる商品については、為替のプロセスが CEV となるものが Piterbarg により提案された。この場合は為替オプションへのキャリブレーションについてはマルコフィアン・プロジェクションと呼ばれる方法が使われる。また Dupier の公式に確率的な金利を導入したものや為替に確率ボラティリティを導入したものも使われている ［Chia］。

4-2-3 CVA モデルにおける金利および為替のモデルの選択

以上の状況において、CVA の計算において市場のシナリオとデリバティブのプライシングをする金利モデルを選ぶことになる。ここで考慮しなければならないファクターがいくつかある。

すでに強調したようにCVAの計算は非常に計算の負荷が高いものである。たとえばネッティング・セットが20通貨の金利（為替は19）に依存し、そのなかにデリバティブ取引が1,000あり、さらにそのなかで金利エキゾチック・デリバティブが50あるとする［Andreasen］。このとき、計算負荷としては20個の金利のキャリブレーションを行い、次にFXハイブリッドのキャリブレーションを19回（＝為替の数）行い、次に20個の通貨と19個の為替についてモンテカルロ・シミュレーションにより市場ファクターのシナリオをつくらなければならない。また通常ネッティング・セットのなかにあるエキゾチック・デリバティブについて、それぞれのシナリオのもとでキャッシュフローを計算しなければならない（プレイン・バニラ・スワップ等については後に説明するように、より少ない数のスワップで近似することもできる）。以上よりモデルの選択においては、

１）　キャリブレーションの負荷

２）　モンテカルロ・シミュレーションによりパスをつくる負荷

３）　そしてプライシングする（キャッシュフローを計算する）負荷

の三つを考慮しなければならない。ただしキャリブレーションとシナリオの作成については金利の数は20程度までで大幅に増えることは考えづらい。一方、プライシングについては最大で1,000程度まであり、しかも金融機関によってはさらに多いことも考えられる。したがって上記の三つの負荷のなかで３）のプライシング部分の負荷を特に考慮しなければならないと考えられる。

　CVAは基本的に銀行のすべての金利デリバティブについて計算しなければならない。当然銀行はCVAデスクが導入される以前からデリバティブのプライシング・モデルをもっているので、既存のプライシング・モデルの使える部分は使えたほうがよい。また現在のプライシング・ライブラリを使えない場合も、現在デリバティブ・ポートフォリオのプライシングに使っているモデルに近いモデルを使うことが望ましい。

　次に考慮しなければならない点は、CVAモデルにスキューの効果を入れ

るべきかどうかである。現在、金利でも為替でも市場ではスキューが観測され、またデリバティブ・プライシング・モデルもほとんどのグローバルな金融機関でスキューに対応したモデルが使われている。したがって CVA の計算においてもスキューを考慮することが望ましい。しかしスキューを取り入れることは計算を複雑にする、または（それと同時に）計算負荷を増やすことになる。たとえば金利が Hull-White モデルで為替が対数正規分布に従うときは、金利も為替もキャリブレーションは厳密な解析解を使うことができる。しかし、金利または為替にスキューを取り入れたモデルを使うと一般にキャリブレーションに近似式かまたは数値計算が必要になる。また特に確率ボラティリティ・モデルを使った場合、確率ファクターの次元が一つ増え計算負荷も必然的に増える。

　ここで計算負荷を考えたとき最初に候補にあがるのは Hull-White モデルである。前節で議論したように Hull-White モデルにおいてはキャリブレーション、シナリオの作成、プライシングの三つの段階すべてにおいて他のモデルより高速に行える。またこれは他の連続的な金利モデルの基礎となり Hull-White モデルを実装することができればスキューの制御のできる他のモデルを実装することもできるはずである。CVA はクロス・カレンシー・モデルであるが現在公表されている FX ハイブリッド・モデルにおいてはほとんどの場合金利部分は Hull-White モデルである。

　以上の状況において、本書においては金利としては 1 次元または 2 次元の Hull-White モデルを選択する。金利のモデルとしてはスキューを取り入れたモデルを使っている銀行が多いが、Hull-White モデルはいまだに多くの銀行で使われている。特に金利デリバティブでもスキューの効果よりも他の効果の影響のほうが多いバミューダン・スワップション等においては Hull-White モデルを使う場合が多い[2]。また、**現状では CVA モデルについてそ**

2　バミューダン・スワップションのプライシングに Hull-White モデルを使うとき、バミューダンのストライクにあわせたストライクのヨーロピアン・スワップションにキャリブレーションすることにより実際にはスキューの効果を取り入れている場合が多い。

の具体的な定式および実装についての出版は洋書も含めて非常に限られていることを考え、連続的な金利のモデルのなかでは最も基本的なモデルである Hull-White モデルについて述べる。

　次に為替のプロセスのモデルの選択について議論する。為替のプロセスについてはクロス・カレンシー・モデルのなかでは対数正規分布に従うプロセスが基本となる。ただし、為替のスキューを考慮するため CEV（Constant Elasticity of Variance）プロセスのようなローカル・ボラティリティまたは確率ボラティリティを導入する場合も多い。当然ローカル・ボラティリティおよび確率ボラティリティを導入した場合、計算負荷は大きくなる。また、キャリブレーションにおいても近似式が必要になり問題点が出てくる。本書では為替のプロセスについてキャリブレーションに近似式の使える対数正規分布を仮定する。

　上記のモデルでは次のような弱点がある。Hull-White モデルにおいては短期金利が正規分布に従うと仮定しているので Libor 等の市場の金利はディスプレイスト・ディフュージョンに従うが、そのスキューを制御することはできない。また市場の金利は非常に正規分布に近く金利が負になる確率が顕著にある。また為替が対数正規分布に従うことについては一つの金利だけに従う金利デリバティブのプライスを基本通貨に変換する部分については特段問題とはならないが、ネッティング・セットのなかに PRDC のような FX ハイブリッド・デリバティブがある場合、そのプライシング・モデルではスキューを考慮していながら、CVA のなかではスキューを考慮しないことは問題となる。

　金利のスキューの導入については短期金利のモデルを使用する銀行においては Cheyette モデルにローカル・ボラティリティまたは確率ボラティリティを導入したもの、およびクオードラティック・ガウシアン・モデルが使われる場合が多い。どちらもスワップションへのキャリブレーションに関しては近似式が分析されているが、クロス・カレンシー・モデルの為替オプションへのキャリブレーションに関しては公表されている解析式は（著者の

知る範囲では）存在しない。

4-2-4　LMM およびマルコフ・ファンクショナル・モデルについて

　本節で LMM およびマルコフ・ファンクショナル・モデルを CVA の計算に使う可能性について議論する。LMM の利点の一つはスキューと確率ボラティリティの導入が直観にあうようにできることである。一方その不利な点は、

1）　低次元のマルコフ・プロセスではないので計算負荷が大きい。

2）　クロス・カレンシーへの拡張をした場合、高速なキャリブレーションには、たとえ FX のスキューがない場合でも近似式を使わなければならず、顕著な近似誤差が存在する（モンテカルロで数値的にキャリブレーションする方法はある）。

である。CVA の計算では、まずネッティング・セットにあるすべての金利と為替について状態変数のシナリオをモンテカルロ・シミュレーションにより生成し、その後でネッティング・セットのなかのすべての商品のプライシングをそのシナリオの上で行う。ここでシナリオの作成についてネッティング・セットのなかにある金利の数は、最高で10から20程度になりうる。一方、ネッティング・セットのなかにあるデリバティブ取引の数は、最大で1,000程度までありうる［Andreasen］。

　ここでシナリオの生成について、1）の点から計算負荷が非常に大きくなる。一方、プライシングについては一度シナリオ（フォワード Libor のパス）がつくられた後は、そのフォワード Libor の上で必要に応じて補間をして行えばいいので、マルコフ・プロセスのモデルと比べて特に計算負荷が大きいというわけではない。以上の状況より、1）の問題点については受入れ可能なレベルであると考えられる。したがって、2）についてより誤差の少ない近似が開発されるまたはこの誤差を受け入れることができれば、LMM を CVA に使うことは選択肢の一つである。

　次にマルコフ・ファンクショナル・モデルについては金利がマルコフ・プ

表4－1　金利デリバティブ・モデルの XVA への適合性

		クロス・カレンシー・モデルのキャリブレーション	モンテカルロ・シミュレーションによるパスの生成	エキゾチック・デリバティブのプライシング	ボラティリティ・スキュー	
					ローカル・ボラティリティ	確率ボラティリティ
連続金利モデル	Hull-Whiteモデル	解析解が使える	高速	超高速	不可能	困難
	クオードラティック・ガウシアン・モデル	解析解は知られていない	高速	高速	可能	困難
	Cheyetteモデル	解析解は知られていない	高速	高速	可能	可能
Libor マーケット・モデル		解析解は知られていない	遅い、またメモリーの負荷が大きい	中速	可能	可能
マルコフ・ファンクショナル・モデル		キャリブレーションは数値的に行える	高速	高速	原理的には可能	困難

ロセスの汎関数として与えられる。つまりシナリオの生成は低次元のマルコフ・プロセスを生成すればいいので計算負荷は比較的小さい。一方、プライシング速度については Hull-White モデルより劣る。ここでマルコフ・ファンクショナル・モデルはディスプレイスト・ディフュージョンについては簡単に実装できるので金利のスキューを取り入れることができる。以上よりマルコフ・ファンクショナル・モデルを金利にスキューを入れる目的で使うこ

とは有効であると考えられる。

　以上の状況において現在多くのグローバルな金融機関で使われている金利デリバティブのモデルを CVA への適用という観点からまとめると表4－1のようになる。

4-3 ｜ キャリブレーションについて

　本節で CVA モデルにおけるキャリブレーションについて説明する。通常のデリバティブ・プライシング・モデルにおいてはローカル・キャリブレーション（Local Calibration）（プライシングするデリバティブごとにそのデリバティブをヘッジするうえで最も重要なプレイン・バニラ商品にキャリブレーションする）が望ましいと考えられる。しかし、CVA モデルについては一般にネッティング・セットのなかに多くのデリバティブ取引があり、原理的にローカル・キャリブレーションは適当でない。したがって、CVA モデルにおいては、一般にグローバル・キャリブレーション（global calibration）が使われる。グローバル・キャリブレーションにおいては、ネッティング・セットのなかのデリバティブの詳細にかかわらず、同じプレイン・バニラ・デリバティブにキャリブレーションされる。

　金利と為替のボラティリティに関しては、多くの場合に（長さに制限があるとしても）流動性のある市場が存在する。一方、金利と為替の間の相関係数に関しては流動性のある市場が存在しない。これに関してはヒストリカル・データ等から推定しなければならない。また為替同士の相関係数に関しては、為替のクロスのボラティリティに推定しなければならない。

　なお本書では、常にフロント・オフィスにおける運用を念頭に置いているので、流動性のあるデータが利用できる限りヒストリカル・データではなく市場のプレイン・バニラ・デリバティブのプライスから推定することとする。

第 5 章

Hull-White モデルによる
CVA モデルの構成

5-1 ┃ Hull-White モデル（Linear Gauss Markov（LGM）モデル）

　前章で述べたとおり CVA の計算においてはできる限り高速な計算が可能なモデルが望ましい。金利デリバティブのプライシングにおいては Libor Market Model 等の低次元のマルコフ・プロセスで表せないモデルを使う場合も多い。しかし、CVA の計算においてはより単純なモデルを使うことが望ましい。特に低次元（1、2、3次元）のドリフトがなく（または確定的なドリフト）、ボラティリティも確定的な関数であるマルコフ・プロセスをもとにしたモデルを使った場合、高速な数値計算が可能になる。このようなモデルのなかではマルコフ・ファンクショナル・モデルがよく知られているが、本書ではより高速で、しかも市場で（伝統的に）多く使われている Hull-White モデルをもとに CVA の金利と為替のモデル（クロス・カレンシー Hull-White モデル）を構成する。ただし、Hull-White モデルについて短期金利を実際にシミュレーションする伝統的な実装法ではなく、ドリフトのないマルコフ・プロセスを基本変数とするより現代的な方法を解説する [Hunt]。

　前章で述べたとおり、CVA のモデルはクロス・カレンシー金利モデルを流用するので、ここでクロス・カレンシー Hull-White モデルを構成する。CVA における基本通貨はクロス・カレンシー・モデルにおける国内通貨（domestic currency）となる。まず基本通貨（国内通貨）の金利の Hull-White モデルを構成する。Hull-White モデルは短期金利のモデルで短期金利 $r_d(t)$（添え字の d は国内通貨（domestic currency）を意味する）はリスク中立測度のもとで次の確率微分方程式を満たす。

$$dr_d(t) = (\theta_d(t) - a_d(t)r_d(t))dt + \sigma_d(t)dW_d(t) \qquad （式5-1）$$

　この方程式のドリフトのかたちからわかるように、Hull-White モデルに

おいては短期金利のプロセスに中心回帰と呼ばれる性質があり、$r_d(t)$ は中心回帰のレベル $\theta_d(t)/a_d(t)$ に近づいていく傾向がある。また $a_d(t)$ は中心回帰する力の強さを表す。ここで短期金利は、

$$dx_d(t) = -a_d(t)x_d(t)dt + \sigma_d(t)dW_d(t)$$

$$x_d(0) = 0$$

を満たす $x_d(t)$ により、

$$r_d(t) = \phi_d(t) + x_d(t)$$

と表される。ここで $\theta_d(t)$ の効果は $\phi_d(t)$ に繰り込まれている。また $\phi_d(t)$ はイールド・カーブの形状から決められ、確率的変動は $x_d(t)$ のみにより表される。ここでさらに、

$$X_d(t) = \exp\left(\int_0^t a_d(u)du\right)x_d(t)$$

と変換すると $X_d(t)$ は、

$$dX_d(t) = \tilde{\sigma}_d(t)dW_d(t)$$

$$\tilde{\sigma}_d(t) = \sigma_d(t)\exp\left(\int_0^t a_d(u)du\right)$$

を満たし、ドリフトのないマルコフ・プロセスである。つまり Hull-White モデルにおける短期金利はマルコフ・プロセス $X_d(t)$ で、

$$r_d(t) = \phi_d(t) + \exp\left(\int_0^t a_d(u)du\right)X_d(t)$$

と表される。

　次に Hull-White モデルのもとでディスカウント・ファクターのダイナミクスをみる。ディスカウント・ファクターはリスク中立確率のもとで、

$$D_d(t, T) = E^R\left[\exp\left(-\int_t^T r_d(u)du\right)\middle| F_t\right]$$

と表される。ここで $\int_t^T r_d(u)du$ は正規分布に従う変数の積分なのでやはり正規分布に従う。また、

$$\int_t^T r_d(u)du = B_d(t, T)X_d(t) + (\text{deterministic part}) + (\text{stochastic part from } t \text{ to } T)$$

　ここで、

$$B_d(t, T) = \int_t^T \exp\left(-\int_0^u a_d(s)ds\right)du$$

と表せる。したがって、条件付期待値をとるとディスカウント・ファクターは、

$$D_d(t, T) = A_d(t, T)\exp(-B_d(t, T)X_d(t))$$

$$= A_d(t, T)\exp(-B_d(t, T)X_d(t)) \qquad (式 5 - 2)$$

というかたちになる。ここで $A_d(t, T)$ は直接計算することもできるが、次の S フォワード測度のもとでは簡単に計算できるのでそこで議論する。

　このディスカウント・ファクターのかたちからわかるとおり Hull-White モデルにおいてフォワード Libor は、

$$L_n(t) = \left(\frac{1}{\delta}\right)\left(\frac{D(t, T_n)}{D(t, T_{n+1})} - 1\right) \sim \left(\frac{1}{\delta}\right)(C\exp(DX(t)) - 1)$$

というかたちになり、ディスプレイスト・ディフュージョン（displaced diffusion）に従い金利が負になる確率が存在する。

　いままではリスク中立測度のもとで分析してきたが、リスク中立測度ではニューメレールは、

$$N(t) = \exp\left(\int_0^t r_d(u)du\right)$$

であり、マルコフ・プロセス $r_d(t)$ および $X_d(t)$ の汎関数ではなく、その
パスに依存する積分の汎関数となる。これは時間グリッドの間隔の大きいグ
リッド積分で計算することはできない。またさらにモンテカルロ・シミュ
レーションでも精度を上げるためには時間間隔を細かくしなければならない
等数値計算において不利な点が多い。一方、S フォワード測度ではニューメ
レールは満期が S のディスカウント・ファクター、

$$N(t) = D_d(t, \ S)$$

であり、これはマルコフ・プロセス $X_d(t)$ の汎関数 $D_d(t, S, X_d(t))$ とな
り数値計算はより効率的に行うことができる。したがって本書では基本的に
S フォワード測度を使う。S フォワード測度のもとでは短期金利のプロセス
（式 5 – 1）においてドリフト $\theta_d(t)$ が調整されることになる。これらは測
度の変換により簡単に求めることができる。ただし $\theta_d(t)$ は本書で述べる
金利のプロセスの数値計算においては明確に必要になることはない。一方、
この測度の変換の影響はディスカウント・ファクターの式 5 – 2 においては
$A_d(t, T)$ に繰り込まれている。実際には Hull-White モデルがアービトラー
ジ・フリーである条件からこれは計算することができる。実際にモデルが初
期のイールド・カーブを再現する条件

$$\frac{D_d(0, \ T)}{D_d(0, \ S)} = E^S\left[\frac{1}{D_d(T, \ S)}\,|\,F_t\right]$$

からニューメレールで割られたディスカウント・ファクターは、

$$\frac{D_d(t, \ T)}{D_d(t, \ S)} = \frac{D_d(0, \ T)}{D_d(0, \ S)}\exp\left(-\frac{\Xi(0, \ t)}{2}\left(B_d^2(T, \ S)\right)+(B_d(T, \ S))X_d(t)\right)$$

（式 5 – 3）

と、またディスカウント・ファクターは、

$$D_d(t,\ T) = \frac{D_d(0,\ T)}{D_d(0,\ t)} \exp\left(\frac{\Xi(t)}{2} \left(B_d^2(t,\ S) - B_d^2(T,\ S) \right) - B_d(t,\ T) X_d(t) \right)$$

（式 5 − 4 ）

と得られる。ここで $\Xi(s,\ t) = \int_s^t \tilde{\sigma}_d^2(u)du$。このようにディスカウント・ファクターはマルコフ・プロセス $X_d(t)$ の汎関数で表される。ドリフト $\theta_d(t)$ は上記の式のマルコフ・プロセスに依存しないファクターに繰り込まれているが、将来時点のディスカウント・ファクターを生成するためには必要ない。金利デリバティブのプライシングにおいては将来時点のディスカウント・ファクターがあればすべての金利を計算することができるので、複雑で誤差を生じやすいドリフト項を計算することなくプライシングすることが可能である。

つまり Hull-White モデルにおいては、将来時点 t におけるマルコフ・プロセス $X_d(t)$ が与えられると、その汎関数としてディスカウント・ファクターが得られる。当然金利デリバティブの原資産となる将来の Libor やスワップ・レートはディスカウント・ファクターの関数であるので、あらゆる金利デリバティブのプライシングはマルコフ・プロセス $X_d(t)$ のシミュレーションをすることにより行うことができる。

本書では Hull-White モデルで計算されるディスカウント・ファクターは OIS ディスカウントに対応するものとしているので、Libor およびスワップ・レートの計算においては当然ベイシスによる調整を行わなければならない。つまり Hull-White モデルにおける期間 $[T_i,\ T_{i+1}]$ のフォワード Libor は、

$$L_d^{3m}(t) = \left(\frac{1}{\delta} \right)\left(\frac{D_d(t,\ T_i)}{D_d(t,\ T_{i+1})} - 1 \right) + basis$$

となる。ここで basis は期間に応じて決まるベイシスである。

5-2 ┃ Hull-White モデルのキャリブレーション

　デリバティブにはプレイン・バニラという流動性のある市場が存在する商品とエキゾチック・デリバティブという市場に流動性がなく、プライシング・モデルにより評価（プライシング）される商品がある。つまりプレイン・バニラ・デリバティブについては売り買いをしようとすると、基本的には他の市場参加者で売り買いをしたい法人があり需給によりプライスが決まるので、プライシング・モデルは必要ない。逆にプライシング・モデルのパラメータをプレイン・バニラのプライスを再現するように調整しなければならない。しかし、エキゾチック・デリバティブについては、一般にはその取引をしようとするカウンター・パーティは存在しないため、プライシング・モデルによってプライシングをしなければならない。ただし、**CVA の計算**

においてはプレイン・バニラ商品についてもプライシング・モデルを使わなければならない。

　金利デリバティブの市場において主なプレイン・バニラ・デリバティブについては、

1)　金利スワップ、OIS、クロス・カレンシー・スワップ

2)　キャップレット、フロアレット、ヨーロピアン・スワップション

の2種類がある。このうち、1)はオプション性のない商品でイールド・カーブ（マルチ・カーブ）がこれらの商品にキャリブレーションされる。本書においては、イールド・カーブはすでにキャリブレーションされたものが生成されているとする。一方、本書の主題であるCVAのモデルについて、その金利を表す部分のボラティリティ等のパラメータは、2)のオプション性のある金利プレイン・バニラ・デリバティブの市場プライスにキャリブレーションされる（金利デリバティブ・モデルのより一般的な議論は拙著［LMM］を参照）。

　キャップレットやスワップションについてはそのインプライド・ボラティリティは一般にはそのストライクに依存する。しかし、われわれのCVAモデルの金利部分を表すHull-Whiteモデルはスキューを制御できないので、スワップション（やキャップ）について特定のストライクにしかキャリブレーションできない。

　CVAモデルにおいて金利デリバティブ・モデルは、金利のシナリオをつくるシミュレーションの部分とシミュレーションされたシナリオのもとでのネッティング・セットのなかのデリバティブ取引のプライシングの部分の二つの部分で使われる。シナリオをシミュレーションする部分は必然的に特定のストライクとは関係しない。またプライシングの部分についても一般にはネッティング・セットのなかに多くのデリバティブ取引があるので、それらの商品の集合がどのストライクに対応しているか決めることはできない。したがってHull-Whiteモデルは基本的にキャップレットやスワップションのボラティリティについていちばん流動性のあるATM（At the money）の

ボラティリティだけにキャリブレーションすることになる。またキャップ
レットはスワップションにおいて、その原資産となるスワップの長さが1期
間だけ（金利交換がセミアニュアルのスワップの場合は半年）と解釈できる
ので、今後はキャップレットはスワップションに含める。

　Hull-White モデルのパラメータはボラティリティ $\sigma_d(t)$ と中心回帰の強
さ $a_d(t)$ である（ドリフト項はイールド・カーブにより決まる）。これらの
パラメータをスワップションの ATM ボラティリティにキャリブレーション
する。ネッティング・セットのポートフォリオについて、そのなかのデリバ
ティブのダイナミクスをできる限りよく平均的に表すようなスワップション
の集合のボラティリティにキャリブレーションしなければならない。ここで
はボラティリティだけをスワップションの市場にキャリブレーションすると
する（中心回帰もスワップションの市場にキャリブレーションする方法とそ
の問題点は［Chia］を参照）。Hull-White モデルのボラティリティはスワッ
プションのボラティリティ・マトリックス（補遺参照）において、次のよう
な集合にキャリブレーションする。まずネッティング・セットのいちばん最
後のキャッシュフローよりも後のある時点 S を決め、その時点を最終満期
とする満期は一定でオプションの行使時点（スワップのスタート時点）が変
化していくスワップションはコターミナル・スワップションと呼ばれ、バ
ミューダン・スワップションの原資産であり金利デリバティブにおいてイー
ルド・カーブ全体のダイナミクスを表すボラティリティとしてよく使われて
いる。したがって、最終満期 S のコターミナル・スワップションのボラティ
リティをキャリブレーションのターゲットとして、短いオプションの期間か
らキャリブレーションしていく。

　Hull-White モデルをスワップションにキャリブレーションするためには、
スワップションのボラティリティの Hull-White モデルのパラメータ $\sigma_d(t)$
（と $a_d(t)$）の関数としての表式が必要になるので、ここでその表式を導く。
Hull-White モデルにおいてスワップションのボラティリティ（プライス）
を表す方法としてよく使われるのは Jamshidian トリックと呼ばれる方法で

図5－1　Hull-White モデルのキャリブレーション・ター
ゲット（コターミナル・スワップション）

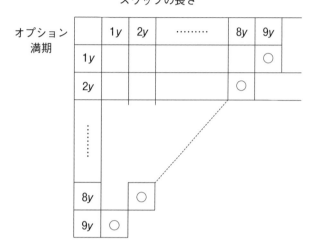

スワップの長さ

オプション満期		1y	2y	………	8y	9y
	1y					○
	2y				○	
	⋮					
	8y		○			
	9y	○				

ある（Jamshidian トリックについては［Chia］を参照）。Jamshidian トリックは厳密解を求める方法であるが、ここではより高速な近似解を導く方法を紹介する。

　本書ではHull-White モデルのダイナミクスにおいてディスカウント・カーブから生成されるスワップ・レートのダイナミクスを基本的な変数とする。市場でのスワップ・レートはこれとはベイシスの分ずれているが、この調整は後に説明する。また中心回帰の強さは外から与えられているとするので、実際には短期金利のボラティリティ$\sigma_d(t)$ ではなくマルコフ・プロセスのボラティリティ$\tilde{\sigma}_d(t)$ をキャリブレーションするとする。

　テナー構造$[T_0, T_1, \cdots, T_N, T_{N+1}]$ 上において時点 T_n がオプションの行使時点で金利交換が $[T_{n+1}, \cdots, T_{m+1}]$ にあるスワップ（このスワップ・レートを $S_{nm}(t)$ とする）を原資産とするスワップションのボラティリティを Hull-White モデルのパラメータで表す。スワップ・レート $S_{nm}(t)$ は、

$$S_{nm}(t) = \frac{(D_d(t,\ T_n) - D_d(t,\ T_{m+1}))}{\sum_{j=n}^{m} \delta_j D_d(t,\ T_{j+1})}$$

となるのでドリフト項を無視すると、

$$dS_{nm}(t) = \frac{(dD_d(t,\ T_n) - dD_d(t,\ T_{m+1}))}{\sum_{j=n}^{m} \delta_j D_d(t,\ T_{j+1})}$$

$$- \frac{(D_d(t,\ T_n) - D_d(t,\ T_{m+1}))}{\left(\sum_{j=n}^{m} \delta_j D_d(t,\ T_{j+1})\right)^2} \left(\sum_{j=n}^{m} \delta_j dD_d(t,\ T_{j+1})\right)$$

ここでディスカウント・ファクターは前節で、

$$D_d(t,\ T) = A_d(t,\ T) \exp(-B_d(t,\ T) X_d(t))$$

というかたちであることが示されているので（ドリフト項をやはり無視して）、

$$D_d(t,\ T) = -B_d(t,\ T) D_d(t,\ T) dX_d(t)$$

となる。またマルコフ・プロセスは、

$$dX_d(t) = \tilde{\sigma}_d(t) dW_d(t)$$

となるので、スワップ・レートは次のような確率過程となる。

$$dS_{nm}(t) = \left(\frac{1}{A_{nm}(t)}\right)\Bigg\{ -B(t,\ T_n) D(t,\ T_n) + B(t,\ T_{m+1}) D(t,\ T_{m+1})$$

$$+ S_{nm}(t) \sum_{j=n}^{m} \delta_j B_d(t,\ T_{j+1}) D_d(t,\ T_{j+1}) \Bigg\} \tilde{\sigma}(t) dW_d(t)$$

ここで、 $A_{nm}(t) = \sum_{j=n}^{m} \delta_j D_d(t, T_{j+1})$。ディスカウント・ファクター

$D_d(t, T)$ は確率過程であるが、それを確定的な関数で近似すればスワップ

ションのボラティリティの解析的な表式が得られる。ここで、

$$D_d(t, T) = \frac{D(0, T)}{D(0, t)}$$

と近似するとスワップ・レートのプロセスは、

$$dS_{nm}(t) = \left(\frac{1}{A_{nm}(0)}\right)\Bigg\{-B(t, T_n)D(0, T_n) + B(t, T_{m+1})D(0, T_{m+1})$$

$$+ S_{nm}(0)\sum_{j=n}^{m}\delta_j B_d(t, T_{j+1})D_d(0, T_{j+1})\Bigg\}\tilde{\sigma}(t)dW_d(t)$$

となる。このときスワップ・レートは正規分布に従うことになり、そのとき

の正規分布のボラティリティ $\sigma_{Normal}(n, m)$ は次のように表される。

$$\sigma_{Normal}^2(n, m) = \left(\frac{1}{A_{nm}(0)}\right)^2 \int_0^{T_n}\Bigg\{-B(t, T_n)D(0, T_n) + B(t, T_{m+1})D(0, T_{m+1})$$

$$+ S_{nm}(0)\sum_{j=n}^{m}\delta_j B_d(t, T_{j+1})D_d(0, T_{j+1})\Bigg\}^2 \sigma_d^2(t)dt \quad (式5-5)$$

この仮定のもとでペイヤーズ・スワップションのプライスは、

$NormalB(K, T_n, S(0), A(0), \sigma_{Normal}(n, m))$

$$= A(0)\left[(S(0)-K)N(d_1) + \sigma_{Normal}(n, m)\sqrt{T_n}\exp\frac{\left(-\dfrac{d_1^2}{2}\right)}{\sqrt{2\pi}}\right] \quad (式5-6)$$

ここで、

$$d_1 = \frac{S(0) - K}{\sigma_{Normal}\sqrt{T_n}}$$

となる。通常スワップションのプライスはスワップ・レートが対数正規分布に従うことを前提としたブラックのボラティリティで表されるが、ここでは正規分布を前提としたHull-White モデルに対する近似式であるので正規分布を前提としている。したがって、キャリブレーションにおいてはATM のブラックのボラティリティよりATM（ストライクは$K = S(0)$）のペイヤーズ・スワップションのプライスに変換し、次に式5 − 6を逆に解いて正規分布のボラティリティ$\sigma_{Normal}(n, m)$を求めてから、その正規分布のボラティリティを再現するHull-White モデルのパラメータを推定する。

　上記で説明したスワップ・レートのボラティリティの近似式は、ディスカウント・カーブから構成されたものである。一方、市場にあるスワップションのボラティリティは、上記のスワップ・レート$S_{nm}(t)$とはリスク・フリー・レートのスプレッドの分ずれている。本書では、基本的にLibor のスプレッドが一定と仮定しているが、ここではスワップのベイシスが一定と仮定する。ここには非整合があるが、この差は小さいと仮定している。Libor から計算されたスワップ・レートを$S_{nm}^{b}(t)$とすると、

$$S_{nm}^{b}(t) = S_{nm}(t) + b_{nm}$$

とする。また市場のスワップションのブラックのボラティリティを$\sigma_{Black}(n, m)$、またこのスワップションのATM のレベルは、

$$K_{ATM} = S_{nm}(0) + b_{nm}$$

となる。このときATM ペイヤーズ・スワップションの満期T_nでのペイオフは、

$$\left[S_{nm}^{b}(T_n) - K_{ATM}\right]^{+} = [S_{nm}(T_n) - (K_{ATM} - b_{nm})]^{+}$$

となり、ベイシスの部分はスワップションのストライクに繰り込むことがで

きる。つまり市場のスワップションはディスカウント・カーブをもとにした
モデルにおいてはストライクがベイシス b_{nm} の分ずれたスワップションをプ
ライシングしていることになる。つまり、上記の式5－6の公式においてスト
ライクを、

$$K \to K - b_{nm}$$

と変換したものを使わなければならない。

　ここで Hull-White モデルにおいて正確には Libor はディスプレイスト・
ディフュージョン（displaced diffusion）に従う。またスワップションのプ
ライスもディスプレイスト・ディフュージョンのブラックの公式の和のかた
ちで表される。ただし、このディスプレイスト・ディフュージョンは対数正
規よりは正規分布に近いので、本節で紹介した正規分布を前提とした近似式
でも誤差は小さいと考えられる。

5-3 ‖ 中心回帰の強さの役割

　Hull-White モデルにおいて中心回帰の強さは金利の自己相関を制御する。
CVA は市場ファクターのシナリオの上でのデリバティブ取引のプライスに
依存するが、これは CVA 評価日とデリバティブのキャッシュフローのある
日との相関に依存することを意味する。つまり CVA の評価において中心回
帰の強さは重要な役割を果たす。本節ではこの中心回帰の強さの役割とその
推定方法について解説する。本節と次節での分析は、前節での厳密（または
誤差の小さい近似）とは異なり定性的に中心回帰の役割を分析する。

　まずコターミナル・スワップの間の相関に対して中心回帰がどう影響する
かを分析する。時点 T_{N+1} を最終満期とするコターミナル・スワップション
を考える。時点 T_{n+1} から $T_{N+1} = S$ に金利交換のあるスワップ・レートを
$S_n(t)$ とすると、

$$S_n(t) = \frac{D(t,\ T_n) - D(t,\ T_{N+1})}{A_n(t)}$$

$$A_n(t) = \sum_{j=n}^{N} \delta_j D(t,\ T_{j+1})$$

となる。ここでスワップ・レートを単純金利で近似、

$$S_n(t) \sim \left(\frac{1}{\delta}\right)\left(\frac{D(t,\ T_n)}{D(t,\ T_{N+1})} - 1\right)$$

$$\delta = T_{N+1} - T_n$$

する。式 5 − 4 から、

$$dD(t,\ T_i) = -D(t,\ T_i)B(t,\ T_i)dX(t)$$

となるので、

$$dS_n(t) \sim \left(\frac{1}{\delta}\right)\frac{D(t,\ T_n)}{D(t,\ T_{N+1})}(B(t,\ T_{N+1}) - B(t,\ T_n))dX(t)$$

$$= \left(S_n(0) + \frac{1}{\delta}\right)B(T_n,\ T_{N+1})\tilde{\sigma}(t)dW(t)$$

となる。ここで係数の $S_n(t)$ をその初期値で近似した。したがって、スワップ・レートは（近似的に）ガウシアン分布に従い、その時点 T_n での分散は、

$$Var(S_n(T_n)) = b_n^2 \xi_n$$

となる。ここで、$\xi_n = \int_0^T \tilde{\sigma}^2(u)du$、$b_n \stackrel{\text{def}}{=} \left(S_n(0) + \frac{1}{\delta}\right)B(T_n,\ T_{N+1})$。

モデルは市場のスワップションのボラティリティにキャリブレーションさ

れているので、そのボラティリティを $\sigma_{Bl}(n)$ とすると、

$$b_n^2 \xi_n = \sigma_{Bl}^2(n) T_n$$

となる。次にエキゾチック・デリバティブのなかでも特に中心的な役割を果たすバミューダン・スワップションの評価に影響を与えるコターミナル・スワップ同士の相関を考える。スワップ・レートの対数 $\ln(S_n(t))$ は正規分布に従うので $T_n < T_m$ に対して、

$$Corr(\ln(S_n(T_n)),\ \ln(S_m(T_m))) = Corr(\ln(S_n(T_n)),\ \ln(S_m(T_n)))$$

$$= \frac{Cov(\ln(S_n(T_n)),\ \ln(S_m(T_n)))}{\sqrt{Var(S_n(T_n))}\sqrt{Var(S_m(T_m))}}$$

$$= \frac{b_n b_m \xi_n}{\sqrt{b_n^2 \xi_n}\sqrt{b_m^2 \xi_m}}$$

$$= \sqrt{\frac{\xi_n}{\xi_m}}$$

$$= \frac{b_m}{b_n}\frac{\sigma_{Bl(n)T_n}}{\sigma_{Bl(m)T_m}} \qquad (式5-7)$$

となる。注意しなければならないことは、この式で中心回帰の強さの影響を受けるのは b_m/b_n のファクターであり、残りのファクターは市場のボラティリティによって決まる量である。ここで、

$$\frac{b_m}{b_n} = \frac{\left(S_m(0)+\dfrac{1}{\delta_m}\right)B(T_m, T_{N+1})}{\left(S_n(0)+\dfrac{1}{\delta_n}\right)B(T_n,\ T_{N+1})}$$

となるが、中心回帰の強さ $a(t)$ が一定の値 a 時、

$$\frac{B(T_m, \ T_{N+1})}{B(T_n, \ T_{N+1})} = \frac{(\exp(-aT_m) - \exp(-aT_{N+1}))}{(\exp(-aT_n) - \exp(-aT_{N+1}))}$$

つまり、

$$Corr(\ln(S_n(T_n)), \ \ln(S_m(T_m))) \sim \frac{(\exp(-aT_m) - \exp(-aT_{N+1}))}{(\exp(-aT_n) - \exp(-aT_{N+1}))}$$

(式 5 - 8)

となり、中心回帰の強さが大きいほど（コターミナル・）スワップ・レート同士の相関が小さくなることがわかる。このように、たとえ1ファクターのモデルであっても中心回帰の強さにより実質的には金利の相関を制御することができる。

5-4 | 中心回帰の強さの推定

次に前節の結果をふまえ、時間に依存する中心回帰の強さ $a(t)$ をコターミナル・スワップ同士の相関から推定する方法を説明する。なお本節の議論はやや込み入っていて、しかも本書では扱わない LMM（Libor Market Model）での技術を使う。したがって、最初に読むときは本節を後回しにして中心回帰の強さはとりあえず外から適当な値を入れておいてもよい。本節の議論は［KP］および［LMM］において詳しく述べられている。

本節での議論は Hull-White モデルのキャリブレーションを議論している前節の議論と比べておおざっぱな議論をする。本節では市場に厳密にフィットしていないが、市場の相関の影響を近似的に表すモデルを使い中心回帰の強さ $a(t)$ を推定する。次にこの中心回帰の強さ $a(t)$ を使い、ボラティリティ $\tilde{\sigma}(t)$ に関しては 5-2 節で導入した精度の高い近似（または厳密解）でコターミナル・スワップション等の市場に厳密にキャリブレーションする。

中心回帰の強さ $a(t)$ のキャリブレーションは次のような考え方で行う。前節の式5－7からわかるように、コターミナル・スワップ・レート S_n (T_n) と $S_m(T_m)$ $(T_n < T_m)$ の間の相関は $a(t)$ $(T_n \leq t \leq T_{N+1})$ に依存する。1ファクターのモデルでは相関を制御できるパラメータは一つだけなので、隣り合うコターミナル・スワップの相関に対してキャリブレーションするとする。すなわちテナー構造の最後 $n+1 = N$ から順にスワップ・レート $S_n(T_n)$ と $S_{n+1}(T_{n+1})$ の間の相関に対して式5－8を使い、期間 $T_n \leq t \leq T_{n+1}$ の $a(t)$ をブートストラッピングにより順にキャリブレーションしていく。ここで**スワップ・レートの間の市場の相関について、金利の相関の情報は市場のスワップションのボラティリティ・マトリックスに反映されているとして推定する。**

次にコターミナル・スワップの間の相関を市場のスワップションのボラティリティから推定する用法を説明する。スワップを構成する Libor について LMM 的に、

$$dL_i(t) = \sigma_i(t)L_i(t)dW_i(t)$$

$$dW_i(t)dW_j(t) = p_{ij}dt$$

と仮定する。このとき Libor の共分散および相関はそれぞれ、

$$Cov(\ln L_j(T_n),\ \ln L_k(T_n)) = \int_0^{T_n} \sigma_j(t)\sigma_k(t)p_{jk}dt$$

$$Corr(\ln L_j(T_n),\ \ln L_k(T_n)) = \frac{\int_0^{T_n} \sigma_j(t)\sigma_k(t)p_{jk}dt}{\int_0^{T_n} \sigma_j^2(t)dt \int_0^{T_n} \sigma_k^2(t)dt}$$

となる。

市場のスワップションのボラティリティについて、次の事実を仮定する。

A) スワップションのボラティリティは、Libor のボラティリティとそれらの間の相関係数に依存する。

B) Libor のボラティリティと相関係数について、全体としてはそのもっともらしいかたち（Rebonato のパラメトライゼーション）に近いものとなる。

ここで Rebonato のパラメトライゼーションとは、Libor のボラティリティ $\sigma_i(t)$ と相関係数としてそれぞれ $\sigma_i(t)=[a+b(T_i-t)]e^{-c(T_i-t)}+d$、$\rho_{ij}=\exp(-\beta|T_i-T_j|)$ を仮定したものである。これは Libor のボラティリティおよび相関係数の市場において観測されるかたちを表す関数形として導入された。

次にキャリブレーションに必要となるスワップ・レートの分散と共分散の Libor ボラティリティによる表式を導入する。スワップ・レートを Libor の線形結合、

$$S_{nm}(t)=\sum_{j=n}^{m}\omega_j(t)L_j(t)$$

$$\omega_j(t)=\frac{\delta_j D(t,\ T_{j+1})}{\sum_{k=n}^{m}\delta_k D(t,\ T_{k+1})}$$

と考え、これらの分散について次のように近似し、

$$Var(\ln S_{nm}(T_n))=\sum_{j=n}^{m}\sum_{k=n}^{m}w_i(0)w_j(0)Cov(\ln L_j(T_n),\ \ln L_k(T_n))$$

$$w_i(t)=\frac{w_i(t)L_i(t)}{S_{nm}(t)} \qquad (式5-9)$$

また共分散は同様に、

$$Cov(\ln S_{n_1 m_1}(T_{n_1}),\ \ln(S_{n_2 m_2}(T_{n_1})))$$

$$=\sum_{j=n_1}^{m_1}\sum_{k=n_2}^{m_2}w_i(0)w_j(0)Cov(\ln L_j(T_n),\ \ln L_k(T_n)) \quad (式5-10)$$

と近似する。これらは LMM において Rebonato の公式と呼ばれるものの拡

張である。

以上の前提のもとで、次のように中心回帰の強さをキャリブレーションする。

1） Rebonato のボラティリティと相関をスワップ・レートの分散の式5－9に代入し、それらがスワップションのボラティリティ・マトリックス全体に最もよくあうようにパラメータを推定する。つまり最適化問題、

$$\min_{\text{abcd}\beta} \sum_{nm} \left(Var(\ln S_{nm}(T_n)) - \sigma^2_{Bl;nm} T_n \right)^2$$

を解く。ここで和はスワップションのボラティリティ・マトリックス全体にとる。$\sigma_{Bl;nm}$ は対応する市場のブラックのボラティリティ。これは Rebonato のパラメトライゼーションにおいてパラメータの数が5個しかないことからわかるように、市場のボラティリティ・マトリックスと厳密にあわせることはできない。しかし、このスワップションのボラティリティ（分散）は、Libor のボラティリティおよび相関係数のもっともらしいかたちから構成されているので、これが市場のスワップションのボラティリティにあわされたとき（直接的には観測されない）市場にインプライされている金利の相関をよく表していると考えられる。

2） 1）で推定したボラティリティは市場のボラティリティを全体として表しているが、それぞれのスワップションのボラティリティに厳密にキャリブレーションされているわけではない。そこで次にスワップションのボラティリティ全体に Libor の分散をフィットさせる。ここで Libor の間の相関係数としては1）で推定したパラメータから計算されるものを使い、分散はスワップションのボラティリティ・マトリックス全体に厳密にフィットさせる。

a） Libor の間のすべての相関係数 $Corr(\ln L_j(T_n), \ln L_k(T_n))$
（$n \leq j, k$）は1）で推定されたものを使う。

b） Libor の分散 $Var(\ln L_j(T_n))$ が $j = n, \cdots, m-1$ まですでにフィットされているとする。ここで $Var(\ln L_m(T_n))$ をスワップションのボラ

ティリティ $\sigma^2_{Bl;nm}$ から推定する。Rebonato の公式より、

$$\sigma^2_{Bl;nm} T_n = \sum_{jk=n}^{m-1} \omega_j(0)\omega_k(0) Cov(\ln L_j(T_n)\ln(L_k(T_n)))$$

$$+ \sqrt{var(\ln L_m(T_n))}\,\omega_m(0) \sum_{k=n}^{m-1} \sqrt{var(\ln L_k(T_n))}\,\omega_k(0) Corr(\ln L_m(T_n),\ \ln(L_k(T_n)))$$

$$+ \omega_m^2(0) var(\ln L_m(T_n))$$

となるので、$var(\ln L_m(T_n))$ を推定することができる。

c) 上記を繰り返してすべての分散（したがって共分散）を推定することができる。ここで構成した Libor の分散と共分散は市場のスワップションのボラティリティ・マトリックスに厳密にフィットしていることに注意したい。

3) 上記2）で推定した Libor の間の共分散よりスワップ・レートの間の共分散と分散（したがって相関）が式5－10より計算できる。

以上の方法で推定した市場の隣り合うコターミナル・スワップ・レートの間の相関にあうように中心回帰の強さ $a(t)$ を推定する。

5-5 ┃ クロス・カレンシーHull-White モデル

本節で Hull-White モデルのクロス・カレンシーへの拡張を議論する。クロス・カレンシー・モデルとは国内通貨、外貨そしてそれらの間の為替レートの三つのファクターが確率的であるモデルである。これはキャッシュフローが二つの通貨の金利や為替レートに依存するデリバティブ商品のプライシングに開発された。CVA モデルにおいてその市場ファクター（金利と為替）の部分はクロス・カレンシー・モデルを繰り返し適用することにより構成される。本節ではクロス・カレンシーHull-White モデルによりそれを構成する。

前節で構成した（シングル・カレンシー）Hull-White モデルがクロス・カレンシー・モデルの国内通貨の部分に当たる。プライシング測度としてはシングル・カレンシーHull-White モデルで構成した国内通貨における S フォワード測度を採用する。

クロス・カレンシー・モデルの外貨金利の部分は CVA における基本通貨以外の通貨の金利に対応する。クロス・カレンシーHull-White モデルは次のように構成される。前節で説明したように、国内通貨を表すマルコフ・プロセス $X_d(t)$ とニューメレール $N_d(t, X_d(t)) = D_d(t, S, X_d(t))$ を構成する（ここではニューメレール（ディスカウント・ファクター）がマルコフ・プロセスの汎関数であることを明示的に示した）。

次に外貨における S フォワード測度において、外貨を表すドリフトのないマルコフ・プロセス $X_f(t)$ とニューメレール $N_f(t, X_f(t)) = D_f(t, S, X_f(t))$ を導入する。ここでニューメレールおよびディスカウント・ファクター（つまりあらゆる金利）はマルコフ・プロセス $X_f(t)$ の汎関数で、その関数形は（外貨における測度のもとであるので）前節で導いたシングル・カレンシーHull-White モデルにおける関数形と同じである。

ここで外貨のマルコフ・プロセスのボラティリティ等は、外貨のスワップションの市場に**外貨での測度**でキャリブレーションされている。CVA でのイクスポージャの計算は国内通貨における S フォワード測度で行われるので、外貨での S フォワード測度から国内通貨における S フォワード測度への測度の変換が必要になる。この測度の変換はマルコフ・プロセスのドリフトを変更する。つまり $X_f(t)$ は外貨での測度（$D_f(t, S)$ をニューメレールとする測度）ではドリフトがないが、国内通貨での S フォワード測度ではドリフトが存在する。

次に、為替に関しては（最も基本的な）対数正規分布とする。S フォワード測度のもとではスポット為替はドリフトが存在するが満期 S のフォワード為替 $F(t, S) = Fx(t) D_f(t, S) / D_d(t, S)$ はマルチンゲールとなりドリフトが存在しない。したがって、フォワード為替がドリフトのないマルコフ・

プロセス $X_x(t)$ の指数関数で表されるとする。

$$F(t,\ S) = F(0,\ S)\exp\!\left(X_x(t) - \frac{1}{2}\Xi_x^2(t)\right)$$

ここでマルコフ・プロセス $X_x(t)$ はスポット為替のダイナミクスにディスカウント・ファクターに起因する国内通貨と外貨の金利のダイナミクスからの寄与を加えたものであることに注意したい。

ここまでをまとめるとクロス・カレンシー・モデルは三つのマルコフ・プロセスにより生成され、それらの確率微分方程式は国内通貨での S フォワード測度において次の方程式を満たす。

$$dX_d(t) = \tilde{\sigma}_d(t)dW_d(t)$$

$$dX_f(t) = \mu_f(t)dt + \tilde{\sigma}_f(t)dW_f(t)$$

$$dX_x(t) = \tilde{\sigma}_x(t)dW_x(t)$$

$$dW_d(t)dW_f(t) = \rho_{df}(t)dt$$

$$dW_d(t)dW_x(t) = \rho_{dx}(t)dt$$

$$dW_f(t)dW_x(t) = \rho_{xf}(t)dt$$

ここで外貨金利を表すプロセス $X_f(t)$ におけるドリフト項 $\mu_f(t)$ は外貨から国内通貨への測度の変換による。国内通貨と外貨の金利を表すマルコフ・プロセスのボラティリティはすでにキャリブレーションされている。次に必要なことは外貨を表すマルコフ・プロセスのドリフトと為替を表すプロセスのボラティリティの推定である。

$D_f(t, S)$ をニューメレールとする外貨での測度ではドリフトのないプロ

図5－2　外貨と国内通貨の門の測度の変換

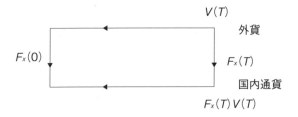

セス $X_f(t)$ から $D_d(t, S)$ をニューメレールとする国内通貨での測度への変換（ドリフトの導出）は測度の変換というデリバティブのプライシングでは頻繁に使われる方法が必要である。外貨で時点 T に $V(T)$ 払われる商品の国内通貨での時点 0 でのプライスを $V(0)$ とすると、この商品のプライシングは外貨での測度で期待値の計算を行って時点 0 で国内通貨に変換しても、時点 T に国内通貨に変換して国内通貨の測度で期待値の変換をしても同じプライスになるはずである（図5－2）ので次の関係が成り立つ。

$$D_d(0,\ S)E_d^s\left[\frac{V(T)Fx(T)}{D_d(T,\ S)}\,|\,F_0\right] = D_f(0,\ T)Fx(0)E_f^s\left[\frac{V(T)}{D_f(T,\ S)}\,|\,F_0\right]$$

したがって、

$$E_d^s\left[\frac{Y(T)F(T,\ S)}{F(0,\ S)}\,|\,F_0\right] = E_f^s[Y(T)\,|\,F_0] \qquad （式5－11）$$

となり、$F(t, S)/F(0, S)$ を掛けることにより国内通貨での測度での期待値から外貨での測度での期待値に変換できることがわかる。これを、

$$\frac{dQ_f}{dQ_d}(t) = \frac{F(t,\ S)}{F(0,\ S)}$$

と書き、Radon-Nikodym 微分と呼ぶ。ここで式5－11のかたちからわかるように、外貨での測度でドリフトのない確率過程 $X_f(t)$ について $X_f(t)\,F$

$(t, S)/F(0, S)$ は国内通貨での測度でドリフトがないことがわかる。ここで

$F(t, S) = F(0, S)\exp\left(X_x(t)-\frac{1}{2}\Xi_x^2(t)\right)$ だからドリフト項だけに注目すると

国内通貨での測度で、

$$d(X_f(t)F(t, S)) = F(t, S)dX_f(t)+X_f(t)dF(t, S)+dX_f(t)dF(t, S)$$

$$= F(t, S)(\mu_f(t)dt+\tilde{\sigma}_f(t)dW_f(t))+F(t, S)dX_x(t)dX_f(t)+(not\ drift\ term)$$

$$= F(t, S)\mu_f(t)dt+F(t, S)\tilde{\sigma}_f(t)\tilde{\sigma}_x(t)p_{xf}(t)dt+(not\ drift\ term)$$

$$= 0dt+(\text{not drift term})$$

となり、

$$\mu_f = -\tilde{\sigma}_f(t)\tilde{\sigma}_x(t)\rho_{xf}(t)$$

と $X_f(t)$ のドリフトが得られる。つまり国内通貨での測度において外貨を
表すマルコフ・プロセスは、

$$dX_f(t) = -\tilde{\sigma}_f(t)\tilde{\sigma}_x(t)\rho_{xf}(t)dt+\tilde{\sigma}_f(t)dW_f(t)$$

となる。このドリフト項をクオント・アジャストメント（quonto adjust-
ment）ということもある。

フォワード為替の説明とそれが S のフォワード測度のもとで マルチンゲールであることの説明

時点 t に観測される満期 S のフォワード為替レート $F(t, S)$ とは、将来の
時点 S で外貨と国内通貨を交換する取引の価値が取引の双方にとって0に
なる為替レートのことである。外貨1単位を時点 S にフォワード為替レー

トで国内通貨 $F(t, S)$ 単位に変換したものの時点 t での価値は $F(t, S) D_d(t, S)$ である。一方、同じ外貨 1 単位の外貨での時点 t での価値は $D_f(t, S)$ 単位であるが、それを時点 t でのスポット・レートで国内通貨に変換すると、その価値は $D_f(t, S) Fx(t)$ となる。この二つは同じ商品の価値であるので等しくなる。したがって、フォワード為替は

$$F(t, S) = \frac{Fx(t) D_f(t, S)}{D_d(t, S)}$$

と表される。

　次に S フォワード測度のもとでのフォワード為替のダイナミクスを調べる。上記のフォワード為替の表式で、分子の $Fx(t) D_f(t, S)$ は時点 S で外貨で 1 単位を受け取る取引の時点 t での国内通貨での価値になるので、金融商品のプライスの過程である。したがって、$F(t, S)$ は金融商品のプライスを S フォワード測度でのニューメレールで割ったものとなっているので、S フォワード測度のもとでマルチンゲールである。

5-5-1　為替のボラティリティの推定

　前節までにクロス・カレンシーHull-White モデルにおいて金利を表すマルコフ・プロセスのボラティリティとドリフトを推定した。残されているパラメータは為替のマルコフ・プロセスを表すボラティリティである。これは為替のオプションのプライス（インプライド・ボラティリティ）にキャリブレーションされる。満期 T の為替（コール）オプションのプライスは、

$$V(0) = D(0, S) E^S \left[\frac{(Fx(T) - K)^+}{D(T, S)} \,\middle|\, F_0 \right]$$

$$= D(0, S) E^S \left[\frac{(F(T, T) - K)^+}{D(T, S)} \,\middle|\, F_0 \right]$$

である。ここでプライシング測度を S フォワード測度から T フォワード測度に変換すると、

$$V(0) = D(0,\ T)E^T\big[(F(T,\ T)-K)^+ \mid F_0\big]$$

　ここで為替オプションについてのブラックの公式はフォワード為替 $F(t, T)$ が T フォワード測度のもとで対数正規分布に従うと仮定して、$F(T, T)$ の分散を $\sigma_{Bl}^2 T$ としたときの σ_{Bl} をブラックのボラティリティと呼び、為替オプションのプライスは市場ではブラックのボラティリティで表される。ここで測度の変換はフォワード為替のドリフトを変えるだけでボラティリティに影響を与えないので、ここでは考慮する必要はない。次に、われわれのモデルでは為替の基本的な変数としては時点 S までのフォワード為替 $F(t, S)$ であるので $F(t, T)$ をマルコフ・プロセスで表さなければならない。

$$F(t,\ T) = \frac{F(t,\ S)D_f(t,\ T)/D_f(t,\ S)}{D_d(t,\ T)/D_d(t,\ S)}$$

となるが、ニューメレールで正規化されたディスカウント・ファクターは式 5－3 で表されるので、$F(t, T)$ のマルコフ・プロセスでの表式は次のように与えられる。

$$F(t,\ T) = F(0,\ T)\frac{(D_f(0,\ T)/D_f(0,\ S))}{(D_d(0,\ T)/D_d(0,\ S))}\exp\Big(X_x(t)+B_f(T,\ S)X_f(t)$$

$$-B_d(T,\ S)X_d(t)-\frac{\Xi_f^2(t)}{2}B_f^2(T,\ S)+\frac{\Xi_d^2(t)}{2}B_d^2(T,\ S)\Big)$$

　したがって、フォワード為替の時点 0 から T までの分散は、

$$Var(F(T,\ T)) = \int_0^T \Big(\sigma_x^2(t)+B_f^2(T,\ S)\tilde{\sigma}_f^2(t)+B_d^2(T,\ S)\tilde{\sigma}_d^2(t)+2\rho_{xf}B_f(T,\ S)\tilde{\sigma}_x(t)\tilde{\sigma}_f(t)$$

$$-2\rho_{xd}B_d(T,\ S)\tilde{\sigma}_x(t)\sigma_d(t)-2\rho_{df}B_f(T,\ S)B_d(T,\ S)\tilde{\sigma}_f(t)\tilde{\sigma}_d(t)\Big)dt$$

となる。このように満期 T の為替オプションのインプライド・ボラティリ

ティがクロス・カレンシーHull-White モデルの関数で表された。したがっ
て、市場の為替オプションのインプライド・ボラティリティにあうように為
替を表すボラティリティ$\bar{\sigma}_x(t)$ をブートストラッピングによりあわせていく
ことができる。

　本節でクロス・カレンシーHull-White モデルの構成とキャリブレーショ
ンについて説明した。この方法は基本的に国内通貨と外貨のニューメレール
がマルコフ・プロセスの汎関数であることを使っているので、他の短期金利
モデルでもドリフトのないマルコフ・プロセスをもとにつくられたモデル
（クオードラティック・ガウシアン・モデル等）に（数値計算は必要になる
が）原理的には適用できる。

クロス為替について

　われわれの CVA モデルの構成では、基本通貨（国内通貨）とそれぞれの
外貨通貨との間の為替のボラティリティがキャリブレーションされる。この
とき、外貨同士の為替のボラティリティはそれらの間の相関係数によって一
意に決まる。外貨 Cr_1 と Cr_2 の間の為替 Fx_{12} を考える。
Fx_{12} に対応するフォワード為替を $F_{12}(t) = Fx_{12}(t)\, D_1(t, S)/D_2(t, S)$、
Fx_{10} に対応するものを $F_{10}(t) = Fx_{01}(t)\, D_1(t, S)/D_0(t, S)$、
Fx_{20} に対応するものを $F_{20}(t) = Fx_{02}(t)\, D_2(t, S)/D_0(t, S)$、
それらの確率過程をそれぞれ、

$$dF_{10}(t) = F_{10}(t)\, \sigma_{10}(t)\, dW_{10}(t)$$

$$dF_{20}(t) = F_{20}(t)\, \sigma_{20}(t)\, dW_{20}(t)$$

$$dW_{10}(t)\, dW_{20}(t) = \rho_{12}(t)\, dt$$

とすると、

$$F_{12}(t) = \frac{F_{10}(t)}{F_{20}(t)}$$

であるので、

$$dFx_{12}(t) = d\left(\frac{F_{10}(t)}{F_{20}(t)}\right)$$

$$= \left(\frac{F_{10}(t)}{F_{20}(t)}\right)(\sigma_{10}(t)dW_{10}(t) + \sigma_{20}(t)dW_{20}(t)) + O(dt)$$

となる。したがってフォワード為替 $F_{12}(t)$ のボラティリティ $\sigma_{12}(t)$ は、

$$\sigma_{12}^2(t) = \sigma_{10}^2(t) + \sigma_{20}^2(t) + 2\sigma_{10}(t)\sigma_{20}(t)\rho_{12}(t)$$

となる。つまりフォワード為替 $F_{10}(t)$ と $F_{20}(t)$ の間の相関係数 $\rho_{12}(t)$ が
フォワード為替 $Fx_{12}(t)$ のボラティリティを制御する。逆にいえば、$\rho_{12}(t)$
はクロスのフォワード為替のボラティリティにキャリブレーションされる。

　本節で説明した方法を使えばすべての通貨間の FX のオプションの市場に
あうようにキャリブレーションされることになる。ただし、このときすべて
の通貨間の相関を推定することになり、これはたとえば20通貨ある場合は20
×20の大きさの相関行列が非負定値となるようにその非対角成分を推定する
ことになり実際には困難である。したがって、実際には基本通貨とそれ以外
の一つひとつの通貨との間でだけ FX オプションの市場にキャリブレーショ
ンし、為替間の相関係数は外で決めた値を使う場合が多いと考えられる
[Green]。

5-6 ∥ CVA モデルのまとめ

　前節までに説明したクロス・カレンシーHull-White モデルを組み合わせ
た CVA モデルは次のように構成される。まずネッティング・セットのなか
にあるデリバティブ（スワップ）のなかでいちばん長い金利交換時点より長
い時点 S を時点の地平として決める。次に CVA モデルのプライシングに使
う測度としては、基本通貨（USD）での S フォワード測度を使う。つまり
ニューメレールは $D_0(t, S)$ とする。われわれのモデルはすべてドリフトの
ない（確定的なドリフトの）マルコフ・プロセスによりすべての金利と為替

が表されている。ネッティング・セットに影響する通貨が n 個あるとして
それらの通貨を $Cr_0, Cr_1, \cdots, Cr_{n-1}$ とする。このとき基本通貨の金利を表す
マルコフ・プロセス $X_0(t)$ は、

$$dX_0(t) = \tilde{\sigma}_0(t)dW_0(t)$$

に従い、それ以外の通貨（クロス・カレンシーHW モデルにおける外貨）の
金利はマルコフ・プロセス $X_i(t)$ （$i=1, \cdots, n-1$）で表され、これらは、

$$dX_i(t) = -\tilde{\sigma}_i(t)\tilde{\sigma}_j(t)p_{ij}(t)dt + \tilde{\sigma}_i(t)dW_i(t)$$

を満たす。ここで $j=n-1+i$ ですぐ後に示すように $\tilde{\sigma}_j(t)$ は為替レート
Fx_{0i} を表すマルコフ・プロセスのボラティリティで $\rho_{ij}(t)$ は、通貨 Cr_i と
為替レート Fx_{0i} の間の相関係数である。為替レート Fx_{0i} はマルコフ・プロ
セス $X_j(t)(j=n-1+i)$ で表され、これはドリフトのないマルコフ・プロセ
ス、

$$dX_j(t) = \tilde{\sigma}_j(t)dW_j(t)$$

で表される。

　次に計算を行う時間グリッドについて、まず CVA のイクスポージャを計
算する時点を適当に決める。これは半年間隔、3 カ月間隔または1 カ月間隔
等で計算のコストと精緻性との兼ね合いから決める。これらを CVA 計算日
と呼ぶ。次にネッティング・セット（ポートフォリオ）にあるスワップ等に
ついて金利決定日を時間グリッドに加える。次にバミューダン・スワップ
ション等の早期償還性のある商品についてはその行使日を時間グリッドに入
れなければならない。ただしポートフォリオが大きい場合、特にスワップに
ついては一つひとつの商品をプライシングせず、ポートフォリオのなかのス
ワップの固定サイドと変動サイドをまとめて一つの商品として CVA の計算
に組み込む方法を後の章で説明する。この場合、CVA 計算日以前に決定し
ているべき金利についても補間により計算する必要がある。本書では今後は

CVA 計算日は $[t_0, t_1, \cdots, t_n]$ とする。

　CVA 計算日 t_k におけるポートフォリオのなかのデリバティブ取引の価値を $v_i(t_k)$ $(i=1, \cdots, M)$ とすると、ポジティブ・イクスポージャは $V^+(t_k) = \left(\sum_{i=1}^{M} v_1(t_k)\right)^+$ となる。ここでそれぞれのデリバティブ取引の価値は条件付期待値、

$$v_i(t_k) = fx(t_k)fN(t_k)\sum_{j}^{m} E^{fN}\left[\frac{cf_i(T_j)}{fN(T_j)} \mid F_{t_k}\right]$$

で表される。ここでデリバティブ取引は一般的には基本通貨以外の通貨（外貨）での取引であるので為替レート $fx(t_k)$ で基本通貨での価値に変換した。またデリバティブの評価は外貨での測度における条件付期待値 $E^{fN}[\mid F_t]$ により評価される。またこのデリバティブは時点 T_j にキャッシュフロー $cf_i(T_j)$ があるとした。

第 6 章

CVA モデルにおける
数値計算法

本書ではクロス・カレンシーHull-White モデルをもとに CVA モデルを構成している。Hull-White モデルは伝統的に金融機関でよく使われてきた。ただし、本書ではより現代的なドリフトのないマルコフ・プロセスをもとに構成されている。このとき数値計算においては伝統的な方法に比べて多くの利点がある。

ドリフトのない（確定的なドリフトの）マルコフ・プロセス $X_i(t)$ をもとにしたモデルについて、数値計算による評価法について本章から説明していく。ここではデリバティブ商品がマルコフ・プロセスのうちの一つ $X_i(t)$ だけに依存するとする。また金利デリバティブ（$X_i(t)$ は Hull-White モデルのマルコフ・プロセス）を仮定する（為替デリバティブの場合はより単純になる）。CVA の評価においては将来の時点 t_i におけるイクスポージャ、

$$V^+(t_i) = \left(\sum_j v_j(t_i)\right)^+$$

の期待値を計算しなければならない。ここでイクスポージャは将来時点におけるデリバティブのプライスの和である、つまり CVA の評価においては将来時点のデリバティブのプライス、

$$v_j(t_i) = N(t_i)\sum_k^{N_j} E\left[\frac{cf_k(T_k)}{N(T_k)} \mid F_{t_i}\right]$$

つまり時点 t_i 以降のキャッシュフローの条件付期待値を（与えられたシナリオのもとで）計算する必要がある（ここでこのデリバティブは時点 T_k（$k=1, \cdots, N_j$）にキャッシュフロー $cf_k(T_k)$ をもつとする）。ここでスワップ等の線形なデリバティブにおいてはキャッシュフローの条件付期待値はディスカウント・ファクターの集合として評価できる。

Hull-White モデルにおいてディスカウント・ファクターはマルコフ・プロセスの汎関数として解析的に計算できるので、このようなデリバティブの評価は解析的にできる。また他のモデルについても CVA の評価においては、通常は、ディスカウント・ファクターが解析的に計算できるモデルを採用する場合が多い。

一方エキゾチック・デリバティブ等の非線形デリバティブにおいては、条件付期待値は数値計算により評価される。将来の条件付期待値の計算はCVA以前の伝統的なデリバティブ・プライシングにおいてもバミューダン・スワップション等の早期償還性のある金利デリバティブの実務において発展してきた。条件付期待値の計算法はグリッド（grid）による方法とモンテカルロ・シミュレーションによる方法がある。グリッドによる計算では後ろ向きに評価するため、条件付期待値は自然に計算できる。一方モンテカルロ・シミュレーションのなかではLSM（Least Square Monte Carlo）という方法で計算される。本書では両方とも解説する。いずれにせよ将来の条件付期待値を計算する前にエキゾチック・デリバティブの通常のプライシングをしなければならないので、まずマルコフ・プロセスをもとにしたモデルによるデリバティブの評価法について解説する。

6-1 ‖ グリッド積分によるデリバティブの評価

　最初にデリバティブ取引のグリッド積分による評価法について説明する。マルコフ・プロセス $X_i(t)$ が次の確率微分方程式、

$$dX_i(t) = \tilde{\sigma}_i(t)dW_i(t) \qquad (式6-1)$$

に従うとして、時間グリッド $[T_0, T_1, \cdots, T_N, T_{N+1}]$ 上に金利の交換日および早期償還日があるデリバティブのプライシングをするとする。最終満期 T_{N+1} から後ろ向きに評価するが時点 T_k $(k=j+1, \cdots, N+1)$ における評価 $v(T_k, X_i(T_k))$ がすでに計算されているとする。またニューメレールで割ったプライスを $\tilde{v}(T_k, X_i(T_k)) \overset{\text{def}}{=} v(T_k, X_i(T_k))/N(T_k, X_i(T_k))$ とすると、時点 T_j での評価は条件付期待値、

$$\tilde{v}(T_j, X_i(T_j)) = E^N[\tilde{v}(T_{j+1}, X_i(T_{j+1}))|X_i(T_j)]$$

で表される。ここで時点 T_j での値 $X_i(T_j)$ が与えられたときの時点 T_{j+1} で

の値 $X_i(T_{j+1})$ の分布（条件付確率）は正規分布に従い、その平均は 0 で分散は、

$$\Xi(T_j, \ T_{j+1}) = \int_{T_j}^{T_{j+1}} \tilde{\sigma}_i^2(t) dt$$

となる。したがって、時点 T_j のマルコフ・プロセスの値が $X_i(T_j)$ であるという条件のもとでの $X_i(T_{j+1})$ の確率分布関数は、

$$\phi(X_i(T_j), \ x; \ \Xi(T_j, \ T_{j+1})) = \frac{1}{\sqrt{2\pi\Xi(T_j, \ T_{j+1})}} \exp\left(-\frac{(x-X_i(T_j))^2}{2\Xi(T_j, \ T_{j+1})}\right)$$

となる。したがって、条件付期待値は次のように計算される。

$$E[\tilde{v}(T_{j+1}, \ X_i(T_{j+1}))| \ X_i(T_j)] = \int_{-\infty}^{\infty} \phi(X_i(T_j), \ x; \ \Xi(T_j, \ T_{j+1}))\tilde{v}(T_{j+1}, \ x)dx$$

$$（式 6 - 2）$$

　これは正規分布における数値積分であり、グリッドまたはモンテカルロ・シミュレーションにより計算することができる。

　グリッドを使って評価するとき、期待値が評価される関数 $\tilde{v}(T_{j+1}, x)$ は時点 T_{j+1} における等間隔のグリッド上で与えられていて、グリッド間についてはそれを補間した関数を数値積分することにより計算される。グリッド間の補間について線形補間を採用した場合、実装は単純であり問題が起きる可能性は低いが、グリークスの安定性が低くなる可能性がある。グリークスを安定させるためにはより滑らかな補間をする必要がある。ここでは等間隔のグリッド上で与えられた関数を ［Pelsser］ に従い、次のように多項式で補間する。

　通貨 Cr_i の金利を表すマルコフ・プロセスについて次のようにグリッドを構成する。時間グリッドは T_k $(k=0, \cdots, N)$ とする。マルコフ・プロセスの値 $X_i(t)$ に対応する空間グリッドは $x(k, j)$ と構成される。ここで空間グリッドの間の間隔は等間隔となるようにし、0 を中心として正と負に同じ大きさだけ広がるようにする。つまり空間グリッドの数を M とすると、

$$x(k, j) = \min(k) + (j-1)\frac{(\max(k)-\min(k))}{(M-1)}\ (j=1, \cdots, M)$$ となる。ここで時点 t_k における空間グリッドの最大値は $\max(k)$、最小値は $\min(k)$ であり、$\min(k) = -\max(k)$。この最大値と最小値についてはそのグリッドに到達する確率が無視できるほど小さくなる十分な大きさとしなければならない。したがって、空間グリッドの上限（と下限）はマルコフ・プロセスの分散 $\int_0^{T_k} \tilde{\sigma}_i^2(u)du$ に比例するようにする（比例係数は計算の精度を考慮して決める）。したがってグリッドの大きさは時間にほぼ比例して広がっていくことになる。

補間する多項式の構成の仕方は補遺 2 で説明してある。図 6 - 1 において空間グリッドの間は多項式で補間されているので、たとえば区間 $[x_i, x_{i+1}]$ が多項式 $f(x) = a_0 + a_1 x + \cdots a_m x^m$ で補間されているとすると、この区間において（式 6 - 2）は次のようなガウス積分の和で表される。

図 6 - 1　グリッドの多項式による補間

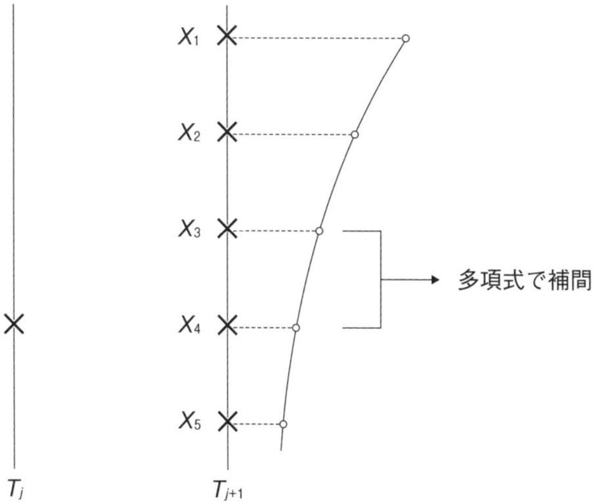

$$\left(\frac{1}{2\pi}\right)\int_{x_i}^{x_{i+1}} x^n \exp\left(-\frac{x^2}{2}\right)dx$$

$(n \le m)$ ここでガウス積分は部分積分により、

$$\left(\frac{1}{2\pi}\right)\int_{x_i}^{x_{i+1}} x \exp\left(-\frac{x^2}{2}\right)dx$$

および

$$\left(\frac{1}{2\pi}\right)\int_{x_i}^{x_{i+1}} \exp\left(-\frac{x^2}{2}\right)dx$$

に還元できる。さらにこれらのガウス積分をキャッシュすることにより高速に計算できる。

　マルコフ・プロセスをグリッド上で積分することによるデリバティブ商品の評価は、マルコフ・ファンクショナル・モデル等で比較的最近使われるようになった手法である。ここでバミューダン・スワップションを例としてこの方法を簡単に説明する。ここではバミューダン・スワップションの行使日を $[T_1, \cdots, T_N]$ として最終満期を T_{N+1} とする。もし時点 T_n に行使したとき、金利の交換が $[T_{n+1}, \cdots, T_N, T_{N+1}]$ に行われるスワップの固定金利の支払サイドに入るとする。また行使レートは K とする。このときグリッド積分では次のように後ろから順に評価される。ここで将来時点でのデリバティブ（バミューダン・スワップション）の価値 $v(X(T))$ と行使したときのスワップの価値（に 0 フロアをつけたもの）$ex(X(T))$（以下「行使価値」と呼ぶ）について常にニューメレールで割った値が使われるので、デリバティブの価値または行使価値は常にニューメレールで割った価値（それぞれ $\tilde{v}(X(T)) = v(X(T))/N(X(T))$ または $\widetilde{ex}(X(T)) = ex(X(T))/N(X(T))$）を意味するとする。

1）　最後の行使時点 T_N においては（もしそれ以前に行使されていないときの）スワップの価値が正であれば必ず行使されるので、時点 T_N における価値 $\tilde{v}(X(T_N))$ は $\tilde{v}(X(T_N)) = \widetilde{ex}(X(T_N))$ となる。ここで行使価値 $\widetilde{ex}(X(T_N))$ はディスカウント・ファクターの関数であるので、マル

コフ・プロセス（空間グリッドのレベル）$X(t_N)$の汎関数として解析的に計算できる。

2）　行使時点T_{N-1}において行使価値$\widetilde{ex}(X(T_{N-1}))$を時点$T_N$のときと同様にマルコフ・プロセスの汎関数として計算する。次に時点T_{N-1}で行使しなかったときの価値を計算する。時点T_{N-1}で行使しなかったときの価値（継続価値（$\widetilde{cnt}(X(T_{N-1}))$））は時点$T_N$での価値の条件付期待値で$E^N[\tilde{v}(X(T_N))|X(T_{N-1})]$と計算される。上記1）においてデリバティブの価値$\tilde{v}(X(T_N))$は空間グリッド上ですでに計算されているので数値積分により（式6－2）と同様に計算できる。次にこの行使しなかったときの価値と行使したときの価値$\widetilde{ex}(X(T_{N-1}))$を比べて大きいほうが時点$T_{N-1}$での価値$\tilde{v}(X(T_{N-1}))$となる。

3）　上記2）のステップを繰り返してプライシングする時点T_0におけるプライスを評価する。

ここで注意するべきことは上記のバミューダン・スワップションのプライシングをする過程でそれぞれのグリッド上で（その時点までに行使されていない場合の）デリバティブの価値が計算されていることである。CVAの計算における将来時点の条件付期待値はこのグリッド上にあるデリバティブの

図6－2　バミューダン・スワップションのグリッド積分による計算法

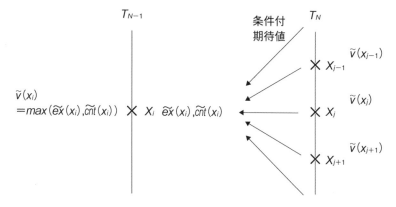

価値を補間することにより計算することができるこのグリッドを補間して CVA を計算する方法は後に 6-6 節で説明する。

6-2 ┃ モンテカルロ・シミュレーションによるデリバティブの評価

　モンテカルロ・シミュレーションでもマルコフ・プロセスをもとにしたモデルは効率的にデリバティブ取引の評価ができる。確率微分方程式（式 6-1）はモンテカルロ・シミュレーションにより近似される。CVA モデルにおいて n 個の通貨の金利（必然的に為替は $n-1$ 個）があるとする。このときあわせて、$2n-1$ 個のマルコフ・プロセスのパスが次のように時間グリッド T_j 上に生成される。

$$X_{i;m}(T_j) = X_{i;m}(T_{j-1}) + \tilde{\sigma}_i(T_{j-1})z(i, j, m)\sqrt{dt}$$

ここで、

$$i = 0, \cdots, 2n-2$$

$$dt = T_j - T_{j-1}$$

$$X_{i;m}(t_0) = 0$$

$$m = 1, \cdots, N_{path} \qquad\qquad （式 6-3）$$

m はモンテカルロ・シミュレーションのパスを表すインデックスで、モンテカルロ・シミュレーションのパスの数は N_{path} とする。$z(i, k, m)$ はインデックス i について相関のある正規乱数となる。注意すべきことは、マルコフ・プロセスにはドリフトがない（または確定的なドリフトである）のでデリバティブの評価に必要となる離散的な時点（バミューダン・スワップ

ションの場合は通常は行使日）についてのみパスをつくればいい。またフォワード測度を使っているので、ニューメレールはマルコフ・プロセスの関数である（リスク中立測度を使った場合はニューメレールも短期金利のパスに依存するので細かい時間グリッドが必要となる）。

6-3 最小二乗モンテカルロ法（LSM）

　早期償還条項（コール）のないスワップの評価は、モンテカルロ・シミュレーションにおいてはパス上でのキャッシュフローを計算し、それをすべてのパスについて平均をとることによりできる。一方、多くの金利デリバティブは早期償還条項があり、カウンター・パーティの一方はスワップを最終満期より早い時点でコール（償還）することができる。このようなデリバティブをモンテカルロ・シミュレーションで評価する場合は、通常最小二乗モンテカルロ法（Least Square Monte Carlo（LSM））と呼ばれる方法が使われる。本節のLSMに関する議論の一部は［AP］に述べられている。

　早期償還性のある商品で最も基本的な商品であるコーラブル・スワップは金利スワップとバミューダン・スワップションの和で表される。したがって、まずバミューダン・スワップションへの最小二乗モンテカルロ法の適用について解説する。

　行使時点が $[T_1, \cdots, T_N]$ のバミューダン・スワップションの時点 T_j で行使したときの価値を $ex(T_j)$、バミューダン・スワップションの価値を $v(T_j)$ とする。まずモンテカルロ・シミュレーションで状態変数（マルコフ・プロセス）のパスをすべての行使時点についてつくる。次にそれらの行使時点において行使価値（バミューダンを行使したときのスワップの価値）$ex(T_j)$ を計算する。これは Hull-White モデルでは解析的に計算することができる。図6-3のようにそれぞれのパスにおいて状態変数 $X_m(T_j)$ と行使価値をニューメレールで割ったもの $\widetilde{ex}_m(T_j) = ex_m(T_j)/N(T_j)$ のマトリックスをつくる（ここでは添え字 m はパスのインデックスを表すとする

...	T_{N-1}				T_N		
...	$X_1(T_{N-1})$	$\widetilde{ex}_1(T_{N-1})$	$\widetilde{cnt}_1(T_{N-1})$	$\tilde{v}_1(T_{N-1})$	$X_1(T_N)$	$\widetilde{ex}_1(T_N)$	$\tilde{v}_1(T_N)$
...	$X_2(T_{N-1})$	$\widetilde{ex}_2(T_{N-1})$	$\widetilde{cnt}_2(T_{N-1})$	$\tilde{v}_2(T_{N-1})$	$X_2(T_N)$	$\widetilde{ex}_2(T_N)$	$\tilde{v}_2(T_N)$
...	...	...	...	...	...	...	...

（$m=1,\cdots N_{path}$）。また添え字がない場合は対応する確率変数を意味するとする）。

1）　最後の行使時点 T_N においては（もしそれまでに行使されていなければ）確実に行使されるので、デリバティブの価値をニューメレールで割ったもの $\tilde{v}_m(T_N)$ は $\tilde{v}_m(T_N)=\widetilde{ex}_m(T_N)$ となる（LSM では時点 T_j で行使したときの行使価値、行使しなかったときの継続価値、そしてその時点でのデリバティブの価値はすべてニューメレールで割ったものを使うので、今後"ニューメレールで割る"という言葉は省略する）。

2）　次に一つ前の行使時点 T_{N-1} を考える。ここで行使時点 T_{N-1} に行使しなかったときの価値（継続価値）$\widetilde{cnt}(T_{N-1})$ は、次の行使時点での価値 $\tilde{v}(T_N)$ の条件付期待値で、

$$\widetilde{cnt}(T_{N-1})=E^N[\tilde{v}(T_N)|X(T_{N-1})]$$

となる。ここで補遺1で解説しているように、継続価値（条件付期待値）はマルコフ・プロセスの関数の線形結合、

$$\widetilde{cnt}(T_{N-1})=f_{N-1}(X(T_{N-1}))$$

$$\overset{\text{def}}{=}a_0+a_1\phi_1(X(T_{N-1}))+a_2\phi_2(X(T_{N-1}))+\cdots+a_d\phi_d(X(T_{N-1}))$$

と仮定する（ここで線形結合の次元は d 次元。$\phi_i(X(T_{N-1}))$ は適当に決めた関数だが、とりあえずはべき関数（power function）$X^i(T_{N-1})$ を使う）。係数 $a_0, a_1, \cdots, a_d$ はマルコフ・プロセス $X_m(T_{N-1})$ と時点 T_N での

価値 $\tilde{v}_m(T_N)$ のパスの集合から最小二乗法で決められる。この最小二乗法で決められた関数形によりそれぞれのパス上で $\widetilde{cnt}_m(T_{N-1})=f(X_m(T_{N-1}))$ と推定することができる。このようにして推定した継続価値 $\widetilde{cnt}_m(T_{N-1})$ と行使価値 $\widetilde{ex}_m(T_{N-1})$ で大きいほうが時点 T_{N-1} でのバミューダン・スワップションの価値 $\tilde{v}_m(T_{N-1})$ となる。

$$\tilde{v}_m(T_{N-1}) = \max(\widetilde{ex}_m(T_{N-1}), \ \widetilde{cnt}_m(T_{N-1}))$$

3） 2）のプロセスを後ろから繰り返して行うことにより最初の行使時点でのバミューダン・スワップションの価値が得られるので、それの平均をとることによりプライシングができる。ここで重要なことは LSM による評価の途上で、それぞれのパス上で行使時点でのバミューダン・スワップションの価値 $\tilde{v}_m(T_j)$ が計算されていることである。したがって、行使時点上でのイクスポージャは、$\tilde{v}_m(T_j)$ の平均をとることにより計算することができる。

ここで LSM についていくつか注意するべき点について議論する。

6-3-1 LSM を行使境界の決定のみに使う方法

LSM の基本的な方法では、それぞれのパスの上でデリバティブの価値 $\tilde{v}_m(T_j)$（継続価値 $\widetilde{cnt}_m(T_j)$）としては最小二乗法で推定された関数形 $f_j(X(T_j))$ が使われる。しかし、この方法は計算結果にバイアスを与えやすいことが知られている［AP］。

たとえば、ある時点 T_j におけるマルコフ・プロセスの値に対して時点 T_{j+1} での価値が図6－4のようにあるとする。ここでマルコフ・プロセスの値が $K_{Boundary}$ より大きいとき、スワップションは時点 T_{j+1} で行使されていて、それ以下のときは行使されていない（継続されている）とする。LSM とはこれを滑らかな関数で近似するので、時点 T_{j+1} で行使されない領域に関しては価値がより大きく出て、行使される領域に関してはより小さく出る。ここで時点 T_j に関しても行使境界は大きく変わらないので、LSM で推

図6−4　継続価値として条件付期待値を使うことによるバイアス

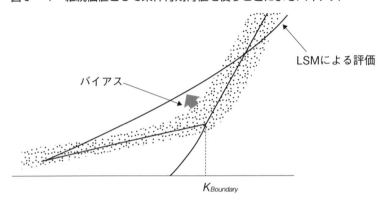

定された関数$f_j(X(T_j))$を継続価値として使うと、時点T_jで継続する部分に関してはモンテカルロによるキャッシュフローよりも大きく評価される可能性がある。一方、行使される部分に関しては行使価値は解析的に計算されるので、バイアスのない評価となる。このように継続価値として関数$f_j(X(T_j))$を使うと価値が過大評価されるというバイアスがかかる傾向がある。この一つひとつのバイアスは大きいものではなくても、LSMで後ろから評価するとこのバイアスが蓄積し評価が大きくずれることになる。

　以上の問題点を解消するためには、次のようにLSMのロジックを変更する。時点T_jにおけるバミューダン・スワップションの価値は、

$$\tilde{v}(T_j) = E^N[\widetilde{ex}(T_{\eta^j})|F_{T_j}]$$

と表される。ここでT_{η^j}はバミューダンのT_j以降での最適な行使日を表す確率変数である。モンテカルロ・シミュレーションのパス上においてはそれぞれの時点T_kにおいて行使価値$\widetilde{ex}_m(T_k)$と継続価値$\widetilde{cnt}_m(T_k)$が推定されているとする。このとき、

$$g_m(T_k) = 1(\widetilde{ex}_m(T_k) > \widetilde{cnt}_m(T_k)) \overset{\text{def}}{=} \left[\begin{array}{l} 1 \; if \; \widetilde{ex}_m(T_k) \geq \widetilde{cnt}_m(T_k) \\ 0 \; if \; \widetilde{ex}_m(T_k) < \widetilde{cnt}_m(T_k) \end{array}\right]$$

$$\eta_m^j = \min\{k > j, \; g_m(T_k) = 1\} \qquad (式6-4)$$

を定義する。つまり m 番目のパス上で時点 T_k で行使されるとき $g_m(T_k)$ $=1$ となり行使されないとき $g_m(T_k)=0$ となる。またこのパス上で時点 T_j より後で最初に行使される時点を η_m^j とする。このときモンテカルロ・シミュレーションにおける評価は、

$$\tilde{v}(T_0) = \left(\frac{1}{N_{path}}\right) \sum_m^{N_{path}} \widetilde{ex}_m\left(T_{\eta_m^0}\right)$$

となる。つまりバミューダンの価値はパス上での（評価時点以降での）最適な行使日での行使価値の平均をとると考えることができる。

　ここで行使時点の決定（関数 $g_m(T_k)$ の決定）のみに LSM を使うようにロジックを変更することによりバイアスを減らすことができる。行使時点の評価（$g_m(T_k)$ の決定）は次のように後ろから行う。時点 N においては上記の１）とまったく同様に $\widetilde{ex}_m(T_N)=1$、$\tilde{v}_m(T_N)$ を評価する。次に時点 $T_k (k=j+1, \cdots, N)$ において $g_m(T_k)$ が評価されているとする。時点 T_j における $g_m(T_j)$ を次のように決定する。行使価値 $\widetilde{ex}_m(T_j)$ は解析的に（または他の方法で）決定される。ここでの継続価値 $\widetilde{cnt}(T_j)$ は条件付期待値で、

$$\widetilde{cnt}(T_j) = E^N[\tilde{v}(T_{j+1})| F_{T_j}]$$

となる。これを最小二乗法で評価するため説明変数はいままでと同様にマルコフ・プロセスのパス $X_m(T_j)$ を使い、被説明変数としてはそれぞれのパスの上でのキャッシュフロー $\widetilde{ex}_m(T_{\eta_m^{j+1}})$ を使うことにより継続価値の関数形、

$$\widetilde{cnt}(T_j) = f_j(X(T_j)) \overset{\text{def}}{=} a_0 + a_1\phi_1(X(T_j)) + a_2\phi_2(X(T_j)) + \cdots + a_d\phi_d(X(T_j))$$

を推定することができる。この推定された継続価値と行使価値を比べること
により、パス上での時点 T_j における行使判定（$g_m(T_j)$ の決定）とデリバ
ティブの評価、$\tilde{v}_m(T_j) = \max(\widetilde{cnt}_m(T_j), \widetilde{ex}_m(T_j))$ ができる。**パス上での
将来時点 T_j での評価はデリバティブのプライシングにおいては必要ないが、
CVA の計算には必要になる。**ここで関数形を推定するときの最小二乗法の
被説明変数としては一つ後の時点での関数形ではなく、行使した時点での行
使価値 $\tilde{v}_m(T_{\eta_m}) = \widetilde{ex}_m(T_{\eta_m})$ を使うので、バイアスが積み重なることはな
い。

6-3-2　同じパスを LSM とプライシングに使ったときのバイアス

行使境界の決定のみに最小二乗モンテカルロ法を使ったとき、行使境界は
厳密な行使境界に対してモンテカルロ・シミュレーションによる近似で計算
した境界を使っているので、厳密な PV よりも低い数字を計算していること
になる。しかし実際には行使境界の決定とキャッシュフローの生成を同じパ
スで行うとバイアスが正になりうる。これは数値計算によるバイアスである
ので取り去ることが望ましい。ここでこのバイアスが正になる理由とその解
消法を説明する。図6-5で横軸は状態変数として、太線は時点 T_j におけ
る行使価値、細線①は厳密なバイアスのない継続価値（モンテカルロ・シ
ミュレーションでは計算できないが、わかっているとする）、点はモンテカ
ルロ・シミュレーションで計算された時点 T_{j+1} での価値（この平均が時点
T_j での継続価値となる）とする。この図ではこれが上方にバイアスがある
とする。このとき LSM で推定される継続価値（太線）は当然（正しいレベ
ル（細線）よりも）上方にずれ LSM で推定される行使境界はより広くな
る。したがって、正のバイアスがある継続価値がより多く使われることにな
り、PV にも正のバイアスがかかる。このようなバイアスを取り去るために
は行使境界を決める LSM とキャッシュフローを生成するモンテカルロ・シ

図6-5　同じパスを使うことによるバイアス

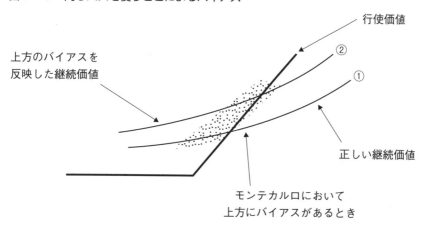

ミュレーションとは異なるパスで独立に行うことが多い。

6-3-3　説明変数の選択について

　ここまで状態変数（マルコフ・プロセス）を説明変数としてきた。しかし
LSMで誤差が大きくなる原因は、一般的には不連続な凹形の関数を滑らか
な多項式等で近似するところで起きる。典型的にはバミューダンの価値は図
6-6のようになる。この分布全体を通常の多項式等で説明することはむず
かしい。たとえば多くのパスがATM付近にあるときLSMでフィットさせ
た関数はATM付近の凹形にフィットしてOTMの領域について適切に説明
しないことがありうる。このような状況でOTMの領域の影響はそれほど大
きくないと考えられるが早期償還のプレミアムを適切に計算できないことが
ありうる。

　このような状況においては時点 T_j でのバミューダンの価値をできる限り
近似している変数を説明変数とすることによりLSMがより有効に働く可能
性がある。ここでマルコフ・プロセスのかわりに時点 T_j に観測されるヨー
ロピアン・スワップションの価値（の一つ）を説明変数として使うことは有

図6-6　説明変数の選択

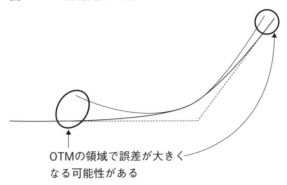

OTMの領域で誤差が大きく
なる可能性がある

効と考えられる。たとえば説明変数として次の時点 T_{j+1} に行使されるヨー
ロピアン・スワップションの価値をブラックの公式で評価しそれを説明変数
として使うことがある。また計算測度を考慮しさらに簡単に時点 T_j での行
使価値を使う場合もある。

　またこのとき、OTM の領域では説明変数がすべて 0 になり最小二乗法が
明らかに不安定になるので、特にこの場合は ITM のパスのみを使って LSM
を行う。

　またエキゾチック・デリバティブの価値が金利のレベルのみに依存する商
品（1 ファクターのモデルで評価される商品）に関しては、マルコフ・プロ
セスは説明変数として有力な候補となるが、コーラブル CMS スプレッド・
スワップのようなプライスがイールド・カーブの傾きに依存する商品に関し
てはクーポンの原資産となる CMS スプレッドを説明変数に加える必要があ
ると考えられる。

6-3-4　行使価値の評価に LSM を使う場合

　バミューダン・スワップションにおいて、時点 T_j における行使価値はマ
ルコフ・プロセスの解析的な関数として高速に計算できる。しかし、バ
ミューダン・エキゾチック・スワップションのエキゾチック金利の行使時点

での評価には、一般にはブラックの公式のような数値計算が必要になる。たとえば、バミューダン・インバース・フロータ・スワップションにおいては、時点 T_{k+1} に支払われるエキゾチック金利 $K(T_k)$ は $K(T_k) = (K - L_k(T_k))^+$ となる。これはキャップとなるので、Hull-White モデルにおいてはブラックの公式のような解析解が存在する。しかしブラックの公式は CVA の計算においてパスの上で大量に計算すると計算負荷が大きい。また CMS スプレッドのように Hull-White モデルにおいて（また多くのモデルにおいて）解析解が存在しないエキゾチック金利も多い。そのような状況においては LSM を適用することにより行使価値を評価することができる。

　バミューダン・エキゾチック・スワップションの行使価値を表す条件付期待値の計算について説明する。バミューダン・エキゾチック・スワップションの時点 T_k に支払われるエキゾチック・クーポンを $K(T_k) = K(T_k; X(T_k))$ とする。ここで $K(T_k; X(T_k))$ は時点 T_k にリセットされるとする（実際には時点 T_{k+1} にリセットされる場合も多いがここでの議論には特に影響しない）。ここではバミューダン・スワップションはエキゾチック・クーポンを受け取る側に入る権利をもつと仮定する。このとき、時点 T_{k+1} におけるキャッシュフローは $\delta_k(K(T_k) - L_k(T_k))$ となるので、時点 T_j における行使価値は時点 $[T_{j+1}, \cdots, T_{N+1}]$ におけるキャッシュフローをニューメレールで調整したものの条件付期待値、

$$N(T_j) E^N \left[\sum_{k=j}^{N} \frac{\delta_k(K(T_k) - L_k(T_k)) D(T_k, T_{k+1})}{N(T_k)} \Big| F_{T_j} \right]$$

で表される。またクーポンにかけてあるファクター $D(T_k, T_{k+1})$ はクーポンの支払時点とリセット時点との差を調節するためにある。この行使価値は条件付期待値であるので、モンテカルロ・シミュレーションでは最小二乗法で評価することができる（継続価値の計算のように後ろ向きに計算する必要はない）。上の条件付期待値は（クーポンがそのリセット時点以前の金利に依存するスノーボール等を除けば）時点 T_j でのマルコフ・プロセス $X(T_j)$

の関数であるので、モンテカルロのパスの上では説明変数を $X_m(T_j)$、被説明変数をパス上でのクーポンのキャッシュフローの合計

$$\sum_{k=j}^N N_m(T_j)\frac{\delta_k(K_m(T_k)-L_k(T_k))D_m(T_k,\ T_{k+1})}{N_m(T_k)}\ (m=1,\cdots,N_{path})$$

として LSM を適用して条件付期待値の関数形、

$$N(T_j)E^N\left[\sum_{k=j}^N\frac{\delta_k(K(T_k)-L_k(T_k))D(T_k,\ T_{k+1})}{N(T_k)}\mid X(T_j)=x\right]\sim ex^j(x)$$

を推定する。以上より、モンテカルロのそれぞれのパスの上において行使価値としては $ex^j(X_m(T_j))$ を使うことにより、バミューダン・エキゾチック・スワップションについても通常のバミューダン・スワップションと同様に評価することができる。このバミューダン・エキゾチック・スワップションの行使価値の LSM による推定法は次の節において（コーラブルとは限らない）エキゾチック・スワップの CVA の計算にも使われる。

LSM と機械学習の関係

- -

　金融において、回帰分析（最小二乗法）は伝統的に頻繁に使われてきた。その主な例は、XVA やバミューダン・スワップションの評価における LSM (Least Square Monte Carlo) である。補遺 I で議論されているように、LSM では最小二乗法により条件付期待値

$$f(x:w)=E[Y|x]$$

を推定する。ここで線形モデルにおいては関数 $f(x:w)=w_0+w_1x+w_2x^2+w_3x^3$ が条件付期待値を近似し、パラメータ $w=(w_0,\ w_1,\ w_2,\ w_3)^T$ はモンテカルロ・シミュレーションにより生成されたパスの情報にフィットするように推定される。

　一方、近年、深層学習（ニューラル・ネットワーク）の成功により、機械学習（人工知能（AI））が一般の注目を集めている。機械学習のなかでも中心的な役割を果たしている教師付学習のモデルとは、一言でいうと、あるイ

ンプットに対してアウトプットを出す関数について、人間が実装することにより開発されるのではなく、多くのデータにフィットさせることにより人工的に開発されるモデルのことである。そして、回帰分析は、教師付学習の最も基本的なモデルである。ただし、回帰分析において、関数は一般的に線形な関数であるが、近年発展している深層学習においては、線形変換と非線形な関数を組み合わせる（この組合せをニューロンと呼ぶ）ことにより回帰関数は構成されている。たとえば、プレインな深層学習において、回帰関数は

$$f(x:w)=g^{(N)}(w^{(N)}y^{(N)})$$
$$y^{(N)}=g^{(N-1)}(w^{(N-1)}y^{(N-1)})$$
$$y^{(N-1)}=g^{(N-2)}(w^{(N-2)}y^{(N-2)})$$
$$\cdots$$
$$y^{(1)}=g^{(0)}(w^{(0)}x)$$

と再帰的に定義される。ここで、変数 x および $y^{(j)}$ $(j=0, \cdots, N)$ はすべてベクトルであり、$w^{(j)}$ はすべて行列で、$w^{(j)}y^{(j)}$ は行列とベクトルの掛け算となる。また関数 $g^{(j)}$ は、すべて非線形関数でベクトルの成分ごとに作用する。つまり図6-7のように、ニューロンが何重にも重なっている。

図6-7　ニューラル・ネットワーク

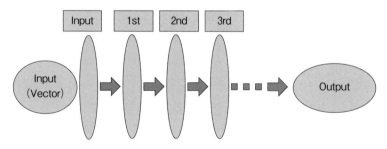

　深層学習の伝統的な回帰分析に対する利点は、非線形な現象を説明する力にある。XVAを含むデリバティブの評価は常に非線形な問題であり、その非線形性の取扱いの困難さは回帰分析（LSM）における重要な課題である。それに対して深層学習は非線形関数をもとにしているので、非線形性を説明する力が強い。深層学習モデルをXVAの計算等に適用する試みは、近年、多くの投資銀行で行われている。
　機械学習のモデルには、プレイン・バニラの深層学習以外に、Recurrent

Neural Network（RNN）と呼ばれるものがある。RNN は機械学習に時間軸を導入したもので、時間発展を説明することができる。デリバティブ評価においても、コーラブル・スワップ（バミューダン・スワップション）では状態の時間発展のうえで評価をしなければならないので、RNN が有効に使われる可能性があると考えられる。

また他の話題では、強化学習と呼ばれる機械学習モデルが、金融取引の市場への影響を評価する目的で、投資銀行で使われている。

6-4 ‖ CVA モデルにおけるシナリオの発生

前節でマルコフ・プロセスをもとにしたデリバティブの評価について数値計算の方法を議論した。本節から CVA の評価について具体的に議論していくが、基本的にはデリバティブのプライシングで使う方法を応用することにより CVA を計算することができる。デリバティブのプライシングにおいてはグリッド（ツリー（tree）や FDM（Finite Difference Method）を含む）、モンテカルロ・シミュレーションまたは解析解が使われる。CVA の計算においてはシナリオの作成はファクターが非常に多いので、必然的にモンテカルロ・シミュレーションが使われる。本書で CVA モデルとして使うクロス・カレンシー Hull-White モデル（また多くのグローバルな金融機関で使われている CVA モデル）において金利および為替の状態は（ドリフトのない）マルコフ・プロセスで表されているので、シナリオの作成とはマルコフ・プロセスのパスの作成にほかならない。

デリバティブの評価において、モンテカルロ・シミュレーションの時間グリッドは、スワップの金利交換日およびスワップションの行使日である（行使日と金利交換日がずれている場合は適当に調整することとし、行使日のみを使う場合が多い）。本書で解説するロジックにおいては、常に CVA を計算する前にポートフォリオのなかのすべてのエキゾチック・デリバティブのプライシングは行われている前提になっているので、CVA モデルにおける

時間グリッドは CVA 計算日（$[t_0 = 0, t_1, \cdots, t_n]$）とポートフォリオのなかのすべてのエキゾチック金利デリバティブの行使日および金利交換日の集合となる（スワップについては後の章でそのキャッシュフローを CVA 計算日に変換する）。ただし、ポートフォリオのなかに多くのエキゾチック・デリバティブが存在するとき、時間グリッドが非常に多くなる可能性がある。したがって、このような場合はスワップションの行使日および金利交換日を CVA 計算日に変換することも必要になる。本書では議論を簡単にするため CVA 計算日とすべてのスワップションの行使日およびスワップの金利交換日を CVA モデルの時間グリッドに含めるとする。

　また CVA モデルは多次元のモデル（n 個の通貨の場合は金利と為替で最低 $n + (n-1) = 2n-1$ ファクター、金利として 2 ファクターのモデルを使うと $2n + (n-1) = 3n-1$ ファクター。通貨の数が20のときは59ファクター）が必要になる。それらの間の相関行列からコレスキー分解により相関のある正規乱数（式 6 - 3）を生成しなければならない。このコレスキー分解は計算負荷が大きいので、シナリオの作成におけるボトルネックとなりうる。

6-5 ┃ LSM による CVA の評価

　CVA を計算するためには、モンテカルロ・シミュレーションで生成したパスの上でネッティング・セットのなかにあるデリバティブの価値を計算しなければならない。デリバティブの価値は、一般には将来のキャッシュフローの条件付期待値であり、金利スワップのような線形商品以外は Hull-White モデルにおいても解析的に評価できないので、数値計算により計算しなければならない。**CVA モデルの上で将来の条件付期待値を計算する方法は二つあり、一つは前節でバミューダン・スワップションの評価に使った LSM（最小二乗モンテカルロ法）であり、もう一つはグリッドと組み合わせる方法である。**LSM によるバミューダン・スワップションの評価法は前節で行った。本節では CVA の計算に適用する場合の問題点について簡単に

解説する。

6-5-1　ノンコーラブル・エキゾチック・スワップの CVA について

　コーラブル・エキゾチック・スワップについては、その LSM によるプライシングをする過程においてパス（シナリオ）上でのそのデリバティブの価値が行使時点においては LSM により計算される。CVA 計算時点でのデリバティブの価値はその次の行使時点における価値をもう一度 LSM をすることにより計算することができる。ノンコーラブル・エキゾチック・スワップにおいても CMS スプレッド・スワップ等のように厳密な解析解が知られていない商品については、6-3-4 節で説明したように LSM を適用することにより、CVA 計算日における価値を評価することができる。一方、多くのノンコーラブル・エキゾチック・スワップ（たとえばインバース・フローター）については、Hull-White モデルにおいては（ブラックの公式を変形した）解析解が使える。しかしすべてのパス上、すべてのクーポンについて、すべての CVA 計算時点において解析解を計算すると計算負荷が大きくなる。したがって、このような場合についても LSM を使って評価する場合のほうが多いと考えられる。

6-6 ┃ モンテカルロ・シミュレーションとグリッドを組み合わせる方法による CVA の評価

　前節で LSM による CVA の計算法について議論した。本節ではグリッド積分による方法について解説する。本節の議論は一部 [Green] を参考にした。

　すでに述べたとおり、CVA の計算とはデリバティブ商品のキャッシュフローについて将来の時点での（シミュレーションされた市場の状態を条件とした）条件付期待値を計算しなければならない。将来の条件付期待値はバミューダン・スワップション等の早期償還性のある金利デリバティブのプラ

イシングにおいて必要となることがよく知られている。

　CVA モデルにおいてシナリオの生成はモンテカルロ・シミュレーションにより行われる。モンテカルロ・シミュレーションにおいて条件付期待値を計算する方法としては、前節までに解説したように LSM がよく使われている。しかし、LSM は評価するデリバティブにより説明変数とその関数形を適切に選ばなければならない。したがって、新しい商品を導入するたびに LSM の設定を決めなければならない。また多くの金融機関において、ほとんどのデリバティブ取引について既存のライブラリでそのリスク・フリー・プライスはグリッドによって計算されている場合が多い。CVA の計算についても既存のライブラリの使えるところは使うことが望ましい。したがって、本節においてモンテカルロで生成されたシナリオとデリバティブの評価に使われるグリッドを組み合わせて CVA を計算する方法を説明する。本書ではグリッドはグリッド積分による方法を仮定しているが、本節の方法は FDM やツリーにもまったく同様に適用できる。

　すでに述べたとおり CVA モデルにおいて、市場のファクターとしてはクロス・カレンシーHull-White モデルを使うが、シミュレーションする変数は短期金利 $r_i(t)$ ではなくドリフトのないマルコフ・プロセス $X_i(t)$ をシミュレーションする。またグリッド計算におけるグリッドの空間座標のレベルもマルコフ・プロセス $X_i(t)$ に対応するとする。

　次にプライシングに使うグリッドの生成について説明する。本書ではネッティング・セットのなかにある商品は主に（シングル・カレンシーの）金利デリバティブとしているので、それぞれの商品については 1 次元のグリッドを構成するとする（金利に 2 ファクターが必要な場合については後に触れる）。

　通貨 Cr_i の金利を表すマルコフ・プロセスについて 6−1 節でデリバティブ取引のプライシングについて解説したとおり、次のようにグリッドを構成する。時間グリッドは t_k $(k=0, \cdots, N)$ とする。マルコフ・プロセスの値 $X_i(t)$ に対応する等間隔な空間グリッドは $x(k, j)$ と構成される。

図6-8　グリッドとモンテカルロ・シミュレーションを組み合わ
　　　　せる方法

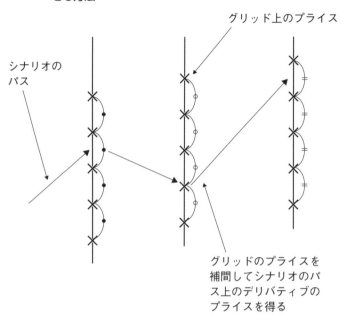

グリッド上のプライス

シナリオの
パス

グリッドのプライスを
補間してシナリオのパ
ス上のデリバティブの
プライスを得る

　さて、CVA計算日 t_k においてある通貨 Cr_i の金利を表すマルコフ・プロ
セスの値 $X_{i;m}(t_k)$ がモンテカルロ・シミュレーションにより生成されたと
する。ここで m はシミュレーションのパスを表す。その通貨のあるデリバ
ティブ商品のプライスに関して時点 t_k における空間グリッド $x(k,j)$ $(j=1,$
$\cdots, M)$ に対してそのグリッド上のデリバティブのプライスはリスク・フリー
のプライシングをする段階ですでに計算されているので、マルコフ・プロセ
スの値 $X_{i;m}(t_k)$ に対応するデリバティブのプライスはグリッド上のプライ
スを補遺2のように構成された多項式で補間することにより得られる。

　モンテカルロ・シミュレーションの m 番目のパスのCVA計算時点 t_k に
ついて、ネッティング・セットのなかのすべての金利デリバティブについて
上記の補間法を使いデリバティブ・プライス $v_l^m(t_k)$ を計算した後、そのプ
ライスをネッティング・セットについて加えてイクスポージャ

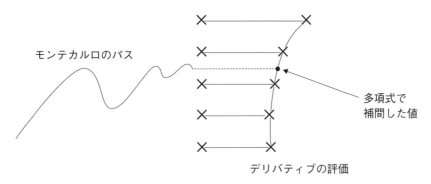

マルコフ・プロセスのグリッド

モンテカルロのパス

多項式で
補間した値

デリバティブの評価

$V_m^+(t_k) = \max\left(\sum_l^M v_l^m(t_k),\, 0\right)$ を計算する。このイクスポージャ（をニュー

メレールで割ったもの）をすべてのモンテカルロのパスについて平均をとる

ことにより、イクスポージャ（をニューメレールで割ったもの）の期待値、

$$E^N\left[\frac{V^+(t_k)}{N(t_k)}\,\middle|\,F_0\right] = \left(\frac{1}{K}\right)\sum_m^K \frac{V_m^+(t_k)}{N_m(t_k)}$$

を計算する。ここですでに述べたとおり、ニューメレール（ディスカウン

ト・ファクター $D(t_k, S)$）はやはりマルコフ・プロセス $X_{i;m}(t_k)$ が与えら

れたときその関数であるので、パス上で簡単に評価できる。

　コーラブルでないエキゾチック・デリバティブについて解析解が存在する

場合、前節での LSM を使うほうが解析解より計算速度において有利である

ことを示した。グリッドによる評価についてはシナリオの上で CVA の計算

をする前にグリッド上での評価を行わなければならない。このグリッド上で

の評価に計算負荷はあるが、その後パスの上でデリバティブの評価をするこ

とについては補間だけでできるので、パスの数を増やすことに対して負荷の

増分は解析解を使う場合に比べて非常に少ないと考えられる。したがって

（ブラックの公式のような）解析解が存在する商品についても、グリッドと

モンテカルロ・シミュレーションを組み合わせたほうが解析解より計算負荷が小さいと考えられる。

6-7 ∥ CVA モデルの数値計算法のまとめ

本章で導入した CVA の数値計算法をまとめる。CVA の計算は次の三つのプロセスに分かれる。

(1) CVA モデル（クロス・カレンシー・モデルの組合せとクレジット・モデル）のキャリブレーション。これらはクレジット・カーブとクロス・カレンシー金利モデルのキャリブレーションと同様である。ただし相関係数については 5-5 節で述べたように注意が必要である。

(2) モンテカルロ・シミュレーションにより市場のシナリオを生成する。ここでパスを生成する時間グリッドは基本的には CVA 計算日 $[t_0, t_1, \cdots, t_j, \cdots, t_n]$ とデリバティブ（スワップに付随するテナー日 $[T_0, T_1, \cdots, T_n, \cdots, T_N, T_{N-1}]$）の和となる。

(3) 上記(2)で生成されたシナリオの上でポートフォリオのイクスポージャを計算する。これはエキゾチック・デリバティブに関してはグリッドと LSM のどちらかが使われる。どちらの方法を使うとしても CVA の評価をする前にそのデリバティブのプライシングを行う必要がある。

　(a) グリッドの場合；それぞれのデリバティブのプライシングを行う。このときすべてのテナー日 $[T_0, T_1, \cdots, T_n, \cdots, T_N, T_{N-1}]$ 上におけるデリバティブの価値も計算される。ここで CVA 計算日 $[t_0=0, t_1, \cdots, t_j, \cdots, t_n]$ も時間グリッドに加えてこれらの時点においてもグリッド積分によりデリバティブの価値を評価する。次に(2)で生成したマルコフ・プロセスのパスの値によりグリッド上の価値を補間し CVA 計算日のパス上の評価を計算する。

　(b) LSM を使う場合；早期償還性のある商品の場合、行使日における価値は LSM によりプライシングする段階でパスの上で当然評価される。

CVA 計算日における評価は CVA 計算日 t_j の状態変数と次のテナー日 $T_{\eta(t_j)}$ の価値との間で最小二乗法により評価する。

(c) スワップ取引のような線形商品については解析解を計算することにより評価する。またヨーロピアン・スワップションやインバース・フロータのように Hull-White モデルにおける解析解を利用できる商品については、解析解を使うか、グリッドまたは LSM 等の方法を使うかは、計算負荷を勘案して決める。

6-8 計算負荷について

すでに説明したとおり、CVA の計算は非常に計算負荷が大きい。ここで本章までで説明した CVA の計算ロジックにおいての計算負荷を議論する。CVA の計算は次のように三つのプロセスに分けられる。

(1) CVA モデル（ハイブリッド・モデルの組合せ）のキャリブレーション

(2) CVA モデルにおけるネッティング・セットにかかわる通貨の金利と為替を制御するマルコフ・プロセスのモンテカルロ・シミュレーションによるパスの発生

(3) (2)で発生させたパスの上でのネッティング・セットのポートフォリオの評価

これらの三つのプロセスにおける計算負荷を分析する。ここで CVA モデルの通貨の数を N_{cr}（マルコフ・プロセスの数は N_{factor} は金利が 1 ファクターのとき $N_{factor}=2N_{cr}-1$）、ネッティング・セットにあるオプション性のある商品の数は $N_{product}$、モンテカルロ・シミュレーションのパスの数は N_{path}、そのパスを発生させる時間グリッドの数を $N_{time\ grid}$ とする。また時間グリッドのなかで CVA 計算日の数を $N_{CVA\ times}$ とする。グリッドを使うときのグリッドの数は N_{grid} とする。またオプション性のある商品はすべて前節で解説したモンテカルロ・シミュレーションをグリッドと組み合わせるか、または LSM と組み合わせて計算するとする。線形商品（スワップ等）

は次の章で説明するように大幅に計算負荷を軽減できるのでここでは計算負荷に含めないとする。

まず(1)のキャリブレーションについて、これはハイブリッド・デリバティブのキャリブレーションを基本通貨とそれ以外のすべての通貨との間で行うだけであるので、ハイブリッド・モデルのキャリブレーションが本章で説明したように解析解を使ってできる場合は計算負荷を問題にする必要がない。またハイブリッド・モデルのキャリブレーションの計算負荷が大きい場合（キャリブレーションに計算負荷の大きい数値計算を行う場合）もキャリブレーションを行う数は N_{cr} 程度（最大で数十程度）であるので、もともと計算負荷の大きい CVA においてはそれほど問題にはならない。

次に(2)のパスの生成について、これはモンテカルロ・シミュレーションを採用するため計算負荷は $N_{factor} \times N_{time\ grid} \times N_{path}$ に比例する。ここで時間グリッドは基本的には CVA 計算時点だけでなく、ネッティング・セットのたとえばバミューダン・スワップションについてはバミューダン行使日とその原資産のスワップの金利リセット日等も加えるので、ネッティング・セットのなかにオプション性のある商品が増えると非常に多くなる。本書で詳しく取り扱うマルコフ・プロセスにおいては、このパスの生成に必要な計算負荷は極小化されるが、低次元のマルコフ・プロセスでない LMM 等を採用する場合はパスの生成の計算負荷は大きくなる。

次に(3)のパス上でのポートフォリオの評価について分析する。デリバティブの評価にグリッドを使うと仮定する。このとき CVA の評価の前に、グリッド上でのリスク・フリーのプライシングを行う。このプライシングの計算負荷は一つの商品について N_{grid}^{2} 程度の計算がそれぞれの時間グリッドについて必要となる（これを平均では $N_{CVA\ times}$ 程度とする）。このリスク・フリーのプライシングの計算負荷の合計は約 $N_{grid}^{2} \times N_{CVA\ times} \times N_{product}$ となる。パス上でのそれぞれのデリバティブの評価はその通貨でのマルコフ・プロセスの値によりグリッド上での価値を補間すればよいので、この計算負荷は $N_{path} \times N_{product} \times N_{CVA\ times}$ 程度となる。

以上をみると、特に計算負荷が大きいのは(3)のなかのリスク・フリーのプライシングの部分であるが、これはネッティング・セットのなかでのオプション性のある商品のプライシングの時間の合計である。

6-9 | CVAモデルと（リスク・フリー・プライスの）デリバティブ評価モデルとの間の整合性

　本書でCVAモデルを構成しているが、金利のプロセスとしてHull-Whiteモデルを使っていることでわかるように、多くの場合、CVAに使うモデルは（リスク・フリーの）デリバティブの評価モデルより単純なモデルが使われる。デリバティブの評価は、

$$PV + CVA$$

と表されるが、ここでPVとCVAでは違う前提で計算していることになる。本節でこの方法の問題点について解説する。Hull-Whiteモデルが金利デリバティブの市場で欠いている重要な性質の一つはスキューの制御ができないことである。つまりHull-WhiteモデルでCVAを評価しているということは、CVAの評価においてスキューを考慮していないということである。図6-10でいうと、Hull-Whiteモデルでリスク・フリー・プライスを計算することはスキューがなくCVAもない（a）に対応する。ここでCVAの計算にHull-Whiteモデルを使うことはCVAとしてスキューを考慮しない量を計算しているので、図6-10で（b）-（a）をCVAとして使っていることになる。一方、リスク・フリー・プライスとしてスキューを考慮したモデルを使うことは図の（c）を計算していることになる。ここで本来はスキューがありCVAによる調整もした図の（d）を計算しなければならない。しかし、計算負荷等の事情によりこれが不可能であるので、(c)+((b)-(a))を（d）の代用として使うことになる。ここでクロス効果により、(c)+((b)-(a))と（d）は有意な差が出ることは十分に起きうる。このよ

図6-10　CVA におけるスキュー

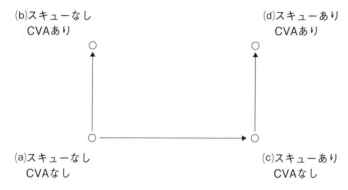

(b)スキューなし　　　　　　　　　　　　　(d)スキューあり
　CVAあり　　　　　　　　　　　　　　　　CVAあり

(a)スキューなし　　　　　　　　　　　　　(c)スキューあり
　CVAなし　　　　　　　　　　　　　　　　CVAなし

うな状況はデリバティブのプライシングにおいて頻繁に起きる状況である
が、モデルにおいてはできる限り避けることが望ましい。

　以上のような分析より、CVA モデルとしても（たとえ部分的にでも）ス
キューを取り入れたモデル（たとえばディスプレイスト・ディフュージョ
ン・マルコフ・ファンクショナル・モデル）に移行することが望ましいと考
えられる。

6 - 10 ‖ CVA モデルにおける問題点；市場データの取得

　いままで CVA モデルがキャリブレーションされる市場データはすべて流
動性の高いものが利用できるとした。実際には流動性の高いデータが利用で
きない場合も多い。

　カウンター・パーティ（および銀行）のクレジット・スプレッドは CDS
市場から推定するとしている。しかし、カウンター・パーティによっては
CDS 市場に十分な流動性がないこともある。この場合はまず社債の市場に
キャリブレーションすることを考える。次に社債も十分な流動性がないと
き、格付および業種に応じて基準となるクレジット・スプレッドを決めてお
く必要がある。

後の章でクレジット・スプレッドと市場のファクターの相関がある場合を扱う。そのときクレジット・スプレッドのボラティリティが必要となるが、これは通常流動性のある市場はない。クレジット・スプレッドのボラティリティとしてはクレジット・インデックスのオプションの価値から推定されるボラティリティを使う必要がある。

第 7 章

商品に依存する問題

本章で具体的な金利デリバティブについて CVA の評価するうえでの問題点をみていく。

7-1 ‖ スワップの CVA の評価；CVA は経路に依存する

まず金利デリバティブのなかで最も基本的な商品である金利スワップについて、それがネッティング・セットのなかにあるときの CVA の計算における問題点を考える。本節で扱う内容はすべてシングル・カレンシーで表されるので通貨を表す添え字は省略する。ここでは時点 $[T_{n+1}, T_{n+2}, \cdots, T_{m+1}]$ に金利の交換があるスワップについて考える。

すでに 3-2-1 節で述べたとおり、このスワップの CVA 計算時点 t_k 以降のキャッシュフローのその時点 t_k での価値は、

$$V(t_k) = \delta_{\eta(t_k)-1} L_{\eta(t_k)-1}(T_{\eta(t_k)-1}) D(t_k, T_{\eta(t_k)})$$

$${}_l(T_{\eta(t_k)-1}) D(t_k, T_{\eta(t_k)}) + \sum_{j=\eta}^{m} - K \sum_{j=\eta(t_k)-1}^{m} \delta_j D(t_k, T_{j+1})$$

$$= \delta_{\eta(t_k)-1} L_{\eta(t_k)-1}(T_{\eta(t_k)-1}) D(t_k, T_{\eta(tk)})$$

$$\bar{}_{\eta(t_k)-1}) D(t_k, T_{\eta(tk)}) + \sum_{j=\eta(t_k)}^{m} \left(\frac{D(t_k, T_j)}{D(t_k, T_{j+1})} - 1 \right) - K \sum_{j=\eta(t_k)-1}^{m} \delta_j D(t_k, T_{j+1})$$

（式7-1）

ここで 3-2-1 節ではスワップの金利決定日を CVA 計算日としていたが、ネッティングを考慮する本章では一般には CVA 計算日と金利決定日は一致しない。右辺の最初の項は CVA 計算日以前に決定された Libor によるキャッシュフローである。ここで最初の項以外は時点 t_k に観測されるディスカウント・ファクターから構成されるので、Hull-White モデルにおいてはマルコフ・プロセス $X(t_k)$ の関数となる。一方、最初の項については時点 t_k より以前の金利決定時点 $T_{\eta(t_k)-1}$ におけるマルコフ・プロセス

図7-1 スワップのCVA

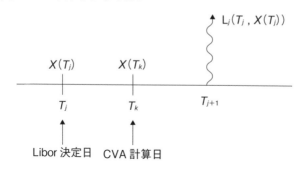

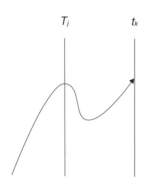

T_j t_k

t_kにおけるイクスポージャが以前の時点T_jにおける
マルコフ・プロセス$X(T_j)$に依存する

$X(T_{\eta(t_k)-1})$ の関数となる。つまりスワップ取引のCVAポートフォリオ・モデルにおける寄与について、モンテカルロ・シミュレーションのパスにおいてそのイクスポージャを計算する時点 t_k だけでなく、それ以前の時点におけるマルコフ・プロセスの情報も必要になる。

7-2 ┃ スワップのポートフォリオの CVA の評価

スワップ取引は金利デリバティブにおいていちばん基本的な取引の一つで

あり、一般に銀行と顧客との間でも多くの取引が存在する場合が多い。つまりネッティング・セットのなかに非常に多くのスワップ取引が存在する可能性があるので、それを高速に評価できることが望ましい。一方、スワップ取引は線形の商品であり、スワップの取引の価値はそれを構成するそれぞれのキャッシュフローの価値の和となる。したがって、ポートフォリオのなかのスワップ取引をまとめて一つのスワップ（スーパー・スワップ）と考えることができる。本節ではポートフォリオのなかに大量のスワップ取引があるとき、それを CVA モデルのなかで高速に評価する方法について述べる。本節の議論は［Antonov］を一部参考にしている。

　スワップのポートフォリオの CVA の計算法を述べる前に、ディスカウント・ファクターの補間法について述べる。時間グリッド T_i と T_{i+1} について、時点 t に観測したディスカウント・ファクター $D(t, T_i)$ と $D(t, T_{i+1})$ がわかっているとする。この時点 $T(T_i < T < T_{i+1})$ を満期とするディスカウント・ファクターは $D(t, T)$ を次のように補間するとする。

$$D(t,\ T) = \gamma \frac{D(0,\ T)}{D(0,\ T_i)} D(t,\ T_i) + (1-\gamma) \frac{D(0,\ T)}{D(0,\ T_{i+1})} D(t,\ T_{i+1})$$

（式 7 - 2 ）

ここで、

$$\gamma = \frac{T_{i+1} - T}{T_{i+1} - T_i}$$

　このように補間すると、

$$E^N \left[\frac{D(t,\ T)}{N(t)} \middle| F_0 \right] = \gamma \frac{D(0,\ T)}{D(0,\ T_i)} E^N \left[\frac{D(t,\ T_i)}{N(t)} \middle| F_0 \right] + (1-\gamma) \frac{D(0,\ T)}{D(0,\ T_{i+1})} E^N \left[\frac{D(t,\ T_{i+1})}{N(t)} \middle| F_0 \right]$$

$$= \gamma \frac{D(0, T)}{D(0, T_i)} \frac{D(0, T_i)}{N(0)} + (1 - \gamma) \frac{D(0, T)}{D(0, T_{i+1})} \frac{D(0, T_{i+1})}{N(0)}$$

$$= \frac{D(0, T)}{N(0)}$$

となる。ここで1～2行目においてモデルがグリッド上の満期についてアービトラージ・フリー（ニューメレールで割り引いたディスカウント・ファクターがマルチンゲールであるという条件を使った）となる。つまりこの補間法は（グローバルに）グリッド上でのアービトラージ・フリー性を補間においても保っていることがわかる。

　上記の補間法はグリッドを満期とするディスカウント・ファクターから、グリッド間のディスカウント・ファクターをつくる方法であるが、これを逆に使うことによりグリッド間のディスカウント・ファクターからそれを再現するグリッド上のディスカウント・ファクターを作成することができる。

　以上の分析をもとにスワップの巨大なポートフォリオを CVA モデルのなかで効率的に計算する方法を説明する。ここで CVA 計算時点 t_i におけるスワップの価値を変える。まず、最初に注意することは、スワップの変動金利となる Libor の価値はディスカウント・ファクターで表されるというよく知られた事実である。つまり Libor$L_j(t)$ の時点 t での価値は、

$$L_j(t)D(t, T_{j+1}) = \left(\frac{1}{\delta_j}\right)(D(t, T_j) - D(t, T_{j+1}))$$

となる。

　$t_i < T_j$ となる Libor$L_j(t_i)$ の t_i での価値は二つの固定キャッシュフローつまり時点 T_j における $\left(\frac{1}{\delta_j}\right)$ のキャッシュフローと時点 T_{j+1} における $-\left(\frac{1}{\delta_j}\right)$ のキャッシュフローの和と考えることができる。つまりスワップの固定サイ

図7−2　Liborの固定キャッ
シュフローへの変換

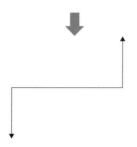

ドと変動サイドの金利の価値は両方ともディスカウント・ファクターの和と
同等になる。ここで $T_j < t_i < T_{j+1}$ となる Libor については時点 t_i ですでに
決定されているので、後に別に扱う。とりあえずここでは形式的にこのよう
な Libor も、

$$L_j(t_i)D(t_i,\ T_{j+1}) = \left(\frac{1}{\delta_j}\right)(D(t_i,\ T_j) - D(t_i,\ T_{j+1}))$$

とする（ここで当然 $T_j < t_i$ であるので $D(t_i, T_j)$ に意味はない）。したがっ
て、スワップの時点 t_i での価値は、

$$val_{swap}(t_i) = \sum_j^{N+1} \alpha_j D(t_i,\ T_j)$$

というかたちになる。ここで当然時点 t_i 以降のキャッシュフローの価値を
計算するので、和は $t_i < T_{j+1}$ となる j についてだけとる。

　次にポイントとなることは、スワップは線形な商品でありスワップのポー
トフォリオの価値はそれぞれのスワップのキャッシュフローの価値の和とな

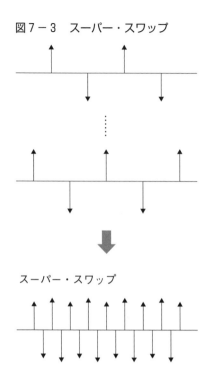

図7−3　スーパー・スワップ

スーパー・スワップ

るることである。つまりポートフォリオのなかのすべてのスワップのキャッシュフローをあわせたスーパー・スワップをつくると、スーパー・スワップの価値はスワップのポートフォリオの価値と同等になる。ここではすでにそれぞれのスワップは固定キャッシュフロー（ディスカウント・ファクター）の和となっているのでスーパー・スワップも固定キャッシュフローの和となる。

　ここでポートフォリオのなかに多くのスワップがあるとき、スーパー・スワップのキャッシュフローも非常に多くの日にある。単純に考えればセミアニュアルのスワップが180個あれば毎日キャッシュフローがあると考えることもできる（実際にはスワップの金利払い日は特定の日に集中する傾向がある）。したがって、たとえスーパー・スワップにまとめても、その評価のた

めにはほぼデイリーのディスカウント・ファクターを計算しなければならず、計算負荷はやはり大きい（同じ日に多くのスワップの金利交換がある場合は計算が合理化できる）。したがって、このスーパー・スワップの非常に多くの時点でのキャッシュフローをよりまばらな時間グリッドでのディスカウント・ファクターで近似する。ここでは便宜的にCVA計算時点の列 $[t_0, t_1, \cdots, t_n, \cdots, t_M]$ 上に近似するとする。スーパー・スワップのキャッシュフローがある日を $[U_0, U_1, \cdots, U_j, \cdots, U_{N_{ss}}]$ としてそれぞれの日にキャッシュフロー $[A_0, A_1, \cdots, A_j, \cdots, A_{N_{ss}}]$ があるとする。ここでキャッシュフローの量は正と負の両方がある。またここで $j \leq L$ については $U_j < t_i$ とする。近似にはディスカウント・ファクターの補間に使われる式（式7－2）を逆に使う。つまり $t_m \leq U_j < t_{m+1}$ のとき、時点 U_j のキャッシュフロー A_j の価値 $A_j D(t_n, U_j)$ を、

$$D(t_i, U_j)A_j = A_j\left\{\gamma\frac{D(0, U_j)}{D(0, t_m)}D(t_i, t_m)+(1-\gamma)\frac{D(0, U_j)}{D(0, t_{m+1})}D(t_i, t_{m+1})\right\}$$

$$\gamma = \frac{t_{m+1}-U_j}{t_{m+1}-t_m} \qquad\qquad (式7－3)$$

とCVA計算時点 t_m と t_{m+1} でのキャッシュフローの価値で近似する（図7－4）。つまり時点 U_j での A_j のキャッシュフローを時点 t_m での $A_j\gamma\dfrac{D(0, U_j)}{D(0, t_m)}$ のキャッシュフローと時点 t_{m+1} での $A_j(1-\gamma)\dfrac{D(0, U_j)}{D(0, t_{m+1})}$ のキャッシュフローの和に変換する。この操作を $t_m \leq U_j < t_{m+1}$ となるすべてのjに関して行い、期間 $[t_m, t_{m+1}]$ にある潜在的には非常に多くのキャッシュフローを離散的な少ない数のキャッシュフローに変換する。この変換はアービトラージ・フリー性を保つので有効な近似と考えられる。

　ここでCVA計算時点以前にリセットされたLibor $L_j(T_j)$ に対応するキャッシュフローについて考える。本来このようなLiborについては時点

図7-4　キャッシュフローの粗い時間グリッドでの近似

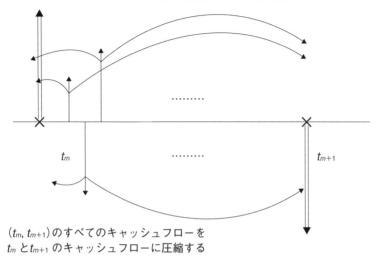

(t_m, t_{m+1})のすべてのキャッシュフローを
t_mとt_{m+1}のキャッシュフローに圧縮する

T_jにリセットされているので、時点t_iにおける価値は、

$$L_j(T_j)D(t_i,\ T_{j+1})=\left(\frac{1}{\delta_j}\right)\left(\frac{1}{D(T_j,\ T_{j+1})}-1\right)D(t_i,\ T_{j+1})$$

$$=\left(\frac{1}{\delta_j}\right)\frac{D(t_i,\ T_{j+1})}{D(T_j,\ T_{j+1})}-\left(\frac{1}{\delta_j}\right)D(t_i,\ T_{j+1})$$

となる。ここで2番目の項は通常の時点t_iに観測されるディスカウント・ファクターであるので式7-3で通常の場合と同様に近似できる。次に最初の項についても形式的に$D(t_i, T_j)$とし、$t_{m-1}\le T_j<t_m$のとき、やはり式7-3を使い、時点t_{m-1}とt_mのキャッシュフローで近似する。

　ここで$\dfrac{D(t_i,\ T_{j+1})}{D(T_j,\ T_{j+1})}$を$\dfrac{D(t_i,\ T_{j+1})}{D(T_j,\ T_{j+1})}\sim\dfrac{1}{D(t_i,\ T_j)}$と近似できるとすると、この形式的な変換は、

$$\frac{1}{D(T_j,\ t_i)}A_j \sim D(t_i,\ T_j)A_j$$

$$= A_j\left\{\gamma\frac{D(0,\ T_j)}{D(0,\ t_m)}D(t_i,\ t_m)+(1-\gamma)\frac{D(0,\ T_j)}{D(0,\ t_{m+1})}D(t_i,\ t_{m+1})\right\}$$

$$\sim A_j\left\{\gamma\frac{D(0,\ T_j)}{D(0,\ t_m)}\left(\frac{1}{D(t_m,\ t_i)}\right)+(1-\gamma)\frac{D(0,\ T_j)}{D(0,\ t_{m+1})}\left(\frac{1}{D(t_{m+1},\ t_i)}\right)\right\}$$

と近似していることになる。このとき t_i フォワード測度において、

$$E^{t_i}\left[\frac{1}{D(T_j,\ t_i)}\,|\,F_0\right]=\frac{D(0,\ T_j)}{D(0,\ t_i)}$$

となるので、

$$E^{t_i}\left[A_j\left\{\gamma\frac{D(0,\ T_j)}{D(0,\ t_m)}\left(\frac{1}{D(t_m,\ t_i)}\right)+(1-\gamma)\frac{D(0,\ T_i)}{D(0,\ t_{m+1})}\left(\frac{1}{D(t_{m+1},\ t_i)}\right)\right\}\right]$$

$$= A_j\left\{\gamma\frac{D(0,\ T_j)}{D(0,\ t_m)}\left(\frac{D(0,\ t_m)}{D(0,\ t_i)}\right)+(1-\gamma)\frac{D(0,\ T_j)}{D(0,\ t_{m+1})}\left(\frac{D(0,\ t_{m+1})}{D(0,\ t_i)}\right)\right\}=\frac{A_jD(0,\ T_j)}{D(0,\ t_i)}$$

となり、この変換は t_i フォワード測度のもとでアービトラージ・フリーとなる。これは任意の測度でアービトラージ・フリーとなる通常の補間より限られたものであるが、この CVA 観測時点以前のキャッシュフローの変換がもっともらしいものであることを示している。

　以上の手続により、スワップの巨大なポートフォリオは CVA モデルのなかで大幅に計算負荷が圧縮された。つまり、もともとのスワップのポートフォリオにある多くのスワップはスーパー・スワップの固定キャッシュフローにまとめられ、さらにその（大量にある）固定キャッシュフローは（大幅に少ない）CVA 計算日でのキャッシュフローに変換された。つまり CVA

モデルにおいて巨大なスワップのポートフォリオの計算は離散的な時点の
ディスカウント・ファクターの計算に帰着された。

7-3 バミューダン・スワップションの CVA の評価；行使境界は事前に決めなければならない

　本節で代表的なエキゾチック・デリバティブの一つであるバミューダン・
スワップションの CVA の評価における問題点について議論する。

　モンテカルロ・シミュレーションにより生成されたシナリオをグリッドによ
るプライシングと組み合わせてバミューダン・スワップションの CVA を計算
するとする。プライシングにおいてバミューダンの行使時点に加えて CVA 評
価時点を時間グリッドに加える。ここで行使時点に加えて CVA 評価時点に
おけるバミューダンの評価をグリッド積分により行う。CVA 計算時点におい
てパス上のバミューダンの評価は空間グリッドを補間することにより得られ
るが、バミューダンのように早期償還性のある商品では、そのパスにおいて
計算する時点においてすでに行使されているかどうかを判断しなければなら
ない。グリッド上でプライシングをするとき、当然空間グリッド上で行使価
値と継続価値のどちらが大きいかの判断をしている。この行使価値と継続価
値の上下が変化する境界を行使境界と呼ぶ。パスが行使時点において行使境
界の内側（行使される領域）を通ると、そこでそのシナリオは行使されたこ
とになる。すなわち図 7 - 5 ではシナリオのパスは時点 T_n で行使境界の内側
（行使される領域）に入っている。したがって、その時点まではバミューダン
の評価をすることになるが、それ以降の時点においてはバミューダンはすで
に行使されているので、行使されたスワップの評価をすることになる。この
ように早期償還性のあるデリバティブの CVA の計算はパスに依存している。

　上記のグリッドとモンテカルロ・シミュレーションを組み合わせて計算す
る方法と同様に、LSM を使った場合もそれぞれのパスにおいて CVA 計算
日が行使時点の後か前かを判断しなければならない。

図7-5　バミューダン・スワップションの CVA

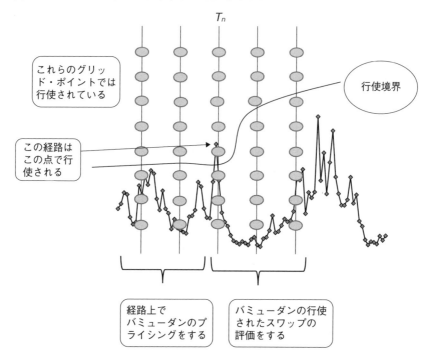

T_n

これらのグリッド・ポイントでは行使されている

行使境界

この経路はこの点で行使される

経路上でバミューダンのプライシングをする

バミューダンの行使されたスワップの評価をする

　次にバミューダンが基本通貨以外の通貨のときの注意点を説明する。バミューダンが基本通貨ではない（外貨の）とき、バミューダンの評価は外貨における S フォワード測度で行われ、その評価に CVA 評価日の為替レートを掛けて基本通貨での評価に変換する。ここで当然行使境界は外貨測度で決定されている。したがって、パスが行使境界の内側にいるかどうかの判定も外貨測度で行わなければならない。したがって、行使境界の決定においては外貨での測度でのパスが行使境界を越えているかどうか評価しなければならない。5-5節で説明したとおり、外貨の測度ではその外貨の金利を表すマルコフ・プロセスはドリフトがないので、行使境界の決定においてはドリフトのないマルコフ・プロセスで評価しなければならない。

第 8 章

FVA および DVA について

前章までにCVAの実際の計算について解説してきた。本章ではCVAに対して銀行（われわれ）のデフォルト・リスクを表すDVAまたファンディング・コストを表すFVAについて議論する。

8-1 ‖ DVA

　CVAとはカウンター・パーティ（銀行にとっての顧客）のデフォルト・リスクを表したプライスの調整であるが、当然銀行もデフォルト・リスクがあるのでそれをプライスに反映させるべきであるという考えがある。それを表すのがDVA（デビット・バリュー・アジャストメント）である。CVAはデリバティブ・ポジションのプライスを下げるがDVAはそれを上げる。自分のデフォルト・リスクがデリバティブのプライスを上げるということはわかりにくいようにみえるが、デリバティブ取引におけるキャッシュフローを銀行のなかのポジションとみないで独立したものと考えればわかりやすくなる。銀行と独立したデリバティブ取引との間のキャッシュフローをみたとき、もし銀行にとってのイクスポージャが負のときに銀行がデフォルトする

図8-1　DVA

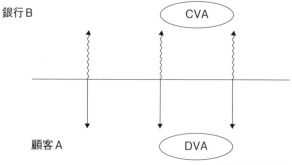

銀行の受け取るキャッシュフローの
毀損する可能性

銀行B

CVA

顧客A

DVA

顧客の受け取るキャッシュフローの
毀損する可能性

と、銀行からデリバティブ取引に支払うべき金額が少なくなる。したがって、銀行からみたデリバティブ取引の価値は大きくなる。

　金融危機において多くの銀行は顧客のデフォルト・リスクの拡大によりCVAが拡大し膨大な損失を被った。この頃（2007～2008年）多くの銀行はCVAによるデリバティブの価格の調整は行っていたがDVAによる調整は行っていないところが多かった。ここでCVAの拡大により（DVAを導入していない）銀行はデリバティブ取引について競争力のあるプライスを提示することができなくなった。しかしCVAの拡大は銀行のクレジットを悪化させて、それは本来はDVAを通じてデリバティブの価格には逆方向に影響（銀行にとっての価値を上げ）していたはずである。このような状況でDVAを導入しないことはデリバティブ・ビジネスの機会の損失となる。

　デリバティブのプライシングにおいてCVAだけを考慮する場合を片方向CVA、CVAとDVAの両方を考慮する場合を双方向CVAと呼ぶ[1]。

$$双方向CVA＝＋CVA＋DVA$$

8-1-1　DVA の問題点

　CVA（XVA）デスクはCDSを使い、CVAをヘッジしてカウンター・パーティがデフォルトしたとき、その損失から銀行を守ることができる。一方、DVAについてはそのリスクをヘッジすることはできない、なぜならば銀行は自分自身のCDSを買うことは通常は原理的にできないからである。

1　片方向CVAと呼ぶ場合に銀行のデフォルト・リスクが存在しない（つまり $I^{A;B}(t)$ $=I^A(t)$、$I^B(t)=0$）と仮定したときのCVA（当然DVAは0）、双方向CVAを銀行のデフォルト・リスクが存在するときのデフォルト・リスクによる調整（$I^{A;B}(t) \neq I^A(t)$、$I^B(t) \neq 0$したがってDVAが存在する）と定義する場合もある。この定義では片方向CVAと双方向CVAではDVAの存在だけでなくCVA自体も変わる。本書では双方向CVAは単にCVA＋DVAとして常にファースト・デフォルト性は考慮しない。なおファースト・デフォルト性を考慮し $I^{A;B}(t)$ の $I^A(t)$ との差を評価する方法としてはコピュラ（Copula）と呼ばれる方法が市場では標準的に使われている。コピュラのCVAへの適用については［Green］で述べられている。

このような DVA をデリバティブの評価に入れることには批判もあり、会計上また規制上 DVA をどのように扱うか、いまだ定まっていない部分がある。

8-2 ∥ FVA

8-2-1 デリバティブ取引のファンディングおよび担保を含めたキャッシュフローの分析

本節においては多くの金利が出てくる。本節に出てくる金利の定義をまとめる。

$r_C(t_j)$；担保の金利＝リスク・フリー金利

$r_B(t_j)$；銀行 B の調達金利

$\pi_B(t_j)$；銀行 B のハザード・レート（時点 t_j までにデフォルトしていないという条件のもとでのデフォルト確率）

$I_{B;A}(t)$；顧客 A が t までにデフォルトしないという条件のもとでの銀行 B のデフォルト・インテンシティ

$l_B(t_j) = r_B(t_j) - r_C(t_j) - (1-R_B)\pi_B(t_j)$；銀行 B の流動性プレミアム

$\pi_A(t_j)$；顧客 A のハザード・レート

$P_{AB}(t_j)$；銀行 B と顧客 A の両方が時点 t_j まで生存する確率

$I_{A;B}(t)$；銀行 B が t までにデフォルトしないという条件のもとでの顧客 A のデフォルト・インテンシティ

$R_A(t_j)$；顧客 A のリカバリー・レート

$R_B(t_j)$；銀行 B のリカバリー・レート

ここで担保の金利のみが確率過程であり、他の金利およびスプレッドは確定的な関数とする。またこれらの金利は期間 $[t_j, t_{j+1}]$ に対応する金利であり、この期間の始め、t_j にリセットされるとする。デフォルト・インテンシティについても期間の始め t_j には期間 $[t_j, t_{j+1}]$ のデフォルト・インテンシティが観測されるとする。

ファンディング・バリュー・アジャストメント（Funding Value Adjust-ment（FVA））については、細かい点についてはまだ市場での評価が確立していない部分が多い。ここでは最新の研究成果をふまえ FVA の真髄を明らかにする ［TT］。本節においては ［MP］を参考にして、デリバティブ取引に付随するキャッシュフローをデフォルト・リスクを考慮して分析する。まず FVA の定義をはっきりする。

定義；デリバティブ取引について、完全に担保化された取引と担保の不完全
**　　　な取引（本節では担保のまったくない取引のみを扱う）との価値の差**
**　　　（CVA と DVA を除いた部分）を FVA と呼ぶ。ここでデリバティブの**
**　　　価値について取引およびその担保の差入れに必要な現金を調達するコ**
**　　　ストも含む。**

　銀行 B は顧客 A との間でデリバティブ取引を行っているとする。ここで（担保が差し入れられるときの）マージンコールは毎営業日の時点の列、

$$[t_0, \ t_1, \ \cdots, \ t_N]$$

で行われるとする。

　ここで A と B の間のデリバティブ取引を次のように二つ考え、これらを同じ市場の環境で分析する。

1）　担保のまったくない取引

2）　完全に担保化された取引

　ここで銀行 B にとってのデリバティブ取引のプライスを 1）の担保のない取引について $\tilde{V}(t)$、2）の完全に担保化された取引については $V(t)$ とする。議論を簡単にするためここでは A と B の間のデリバティブ取引は一つしかないように書くが、実際にはネッティング・セット全体を考える。$V(t)$ と $\tilde{V}(t)$ はネッティング・セット全体のプライスである。

　ここでこの二つの取引についてその市場リスクはヘッジされているとするが、そのヘッジ取引は両方とも完全に担保化されているとする。ここでヘッジ取引は担保化された取引であるので、その価値は $V(t)$ となる。あるい

はヘッジ取引は顧客Aと結ぶデリバティブ取引とまったく逆の取引を他の銀行Cと担保付きで結ぶと考えてもいい。ここで1期間たとえば$[t_j, t_{j+1}]$においては担保付きの取引と担保のない取引についてその変動は同じと仮定する。つまり、

$$\tilde{V}(t_j) - \tilde{V}(t_{j+1}) \sim V(t_j) - V(t_{j+1})$$

と仮定する。

　この二つの取引について、期間$[t_j, t_{j+1}]$におけるキャッシュフローを分析する。銀行にとってのデリバティブ取引の価値$V(t)$の正負により場合分けする。また$V(t)$が正で$\tilde{V}(t)$が負の場合またはその逆の場合は考慮しない。ここでデリバティブ取引は期間$[t_0, t_n]$にわたってポジションをとることになるが、期間$[t_j, t_{j+1}]$だけを分析する。図8－3をみればわかるように時点t_0に$V(t_0)$で買ったデリバティブを時点t_nに売却することと、その間の時点$t_j (j=1, \cdots, n-1)$に売却と買入れを繰り返すこととは同等である。また担保については、それぞれの期間$[t_j, t_{j+1}]$ごとに金利を更新するとする。

　資金の調達については一見、時点t_0に買入れに必要な金額の$V(t_0)$を調達し、それ以降時点t_nまで余分に調達する必要はないようにみえるが、ヘッジ取引をみるとヘッジ取引は担保付きと仮定しているので、ヘッジ取引の担保の出し入れに必要なキャッシュフローが期間$[t_j, t_{j+1}]$ごと資金調達額を変更していることに対応することがわかる。

図8－2　デリバティブのヘッジ取引

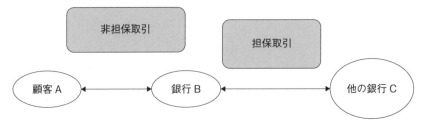

図8-3　デリバティブ取引を期間 [t_j, t_{j+1}] に分割

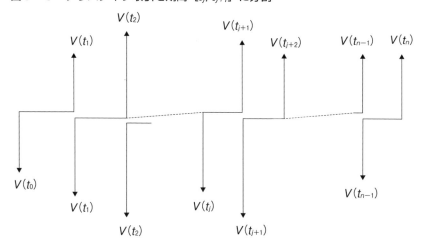

　デリバティブ取引のキャッシュフローは、1)の担保のまったくない取引においては、次の四つがある。

a)　デリバティブ取引を売り買いすることに付随するキャッシュフローとデリバティブ取引の金利交換等のキャッシュフロー

b)　担保に付随するキャッシュフロー

c)　市場リスクのヘッジに付随するキャッシュフロー

d)　ヘッジ・ポジションの担保の出し入れに付随するキャッシュフロー

　一方、2)の完全に担保化された取引については、次のキャッシュフローが存在する。

a)　デリバティブ取引を売り買いすることに付随するキャッシュフローとデリバティブ取引の金利交換等のキャッシュフロー

b)　上記a)のキャッシュフローに必要な資金を調達するキャッシュフロー

c)　市場リスクのヘッジに付随するキャッシュフロー

d)　ヘッジ・ポジションの担保の出し入れに付随するキャッシュフロー

　上記においてc)とd)のヘッジ取引にかかわるキャッシュフローは担保化

図8−4　デリバティブに付随するキャッシュフローを期間ごとに分析する

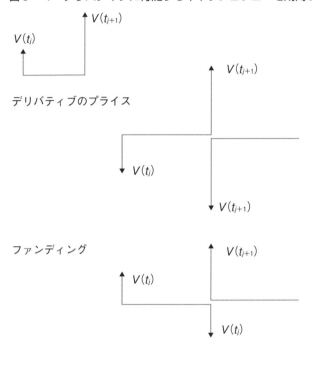

デリバティブのプライス

ファンディング

時点t_{j+1}において
$V(t_{j+1})-V(t_j)$
資金が余る

された取引と担保のない取引において差はない。

　次に、FVA は銀行のなかにおける資金調達のコストであるが、銀行全体の資金繰りについて仮定を置く。この仮定はわれわれの議論の中心をなす。

仮定；（投資）銀行は常に現金の足りない状態（Cash poor）であり、銀行のデリバティブ取引を中心としたビジネスで必要な現金はファンディング・コスト（調達金利とリスク・フリー金利の差）を払って調達しなければならない。

　実際に、通常投資銀行は常にキャッシュ・プアの状態であるので、これはもっともらしい仮定である。

　時点 t_j における銀行のオペレーションに必要な現金を $W(t_j)$ とすると、

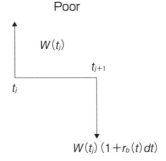

図 8 − 5　投資銀行は Cash Poor

$W(t_j)$

t_{j+1}

t_j

$W(t_j)(1+r_b(t)\,dt)$

銀行は時点 t_j に $W(t_j)$ を借り入れて時点 t_{j+1} には調達金利を加えて $(1+r_b(t_j)\,dt)\,W(t_j)$ を返すことになる $(dt=t_{j+1}-t_j)$。この銀行の資金調達と返済を図 8 − 5 で表す。本書では銀行が受け取る現金は上向きの矢印、支払う現金は下向きの矢印で表す。

　われわれは次のように状況を場合分けして分析する。

(A)　$V(t_j)>0$

　　1)　担保なし

　　　ⅰ．デリバティブのキャッシュフロー

　　　ⅱ．ファンディングのキャッシュフロー

　　2)　担保あり

　　　ⅰ．デリバティブのキャッシュフロー

　　　ⅱ．担保のキャッシュフロー

(B)　$V(t_j)<0$

　　1)　担保なし

　　　ⅰ．デリバティブのキャッシュフロー

　　　ⅱ．ファンディングのキャッシュフロー

　　2)　担保あり

　　　ⅰ．デリバティブのキャッシュフロー

　　　ⅱ．担保のキャッシュフロー

以上の状況においてデリバティブ取引のキャッシュフローを分析する。ま
ず銀行にとってデリバティブ取引の価値が正のとき $V(t_j)>0$ を分析する。

　まず担保化されていない取引1）について分析する。デリバティブ取引の
キャッシュフローは次のようになる。時点 t_j にデリバティブ取引に入り（デ
リバティブを買う）時点 t_{j+1} にデリバティブ取引から出るとするが、プライ
スが正であるので、時点 t_j においては $\tilde{V}(t_j)$ を顧客に支払わなければなら
ない。また時点 t_{j+1} には変動したプライス $\tilde{V}(t_{j+1})$ を顧客から受け取る。
しかしこの期間に顧客 A がデフォルトしたときは、そのリカバリー・レー
トの割合 $\tilde{V}(t_{j+1})\,R_A$ だけしか受け取ることができず、（デフォルトしなかっ
たときと比べて）$(R_A-1)\,\tilde{V}(t_{j+1})$ の損失となる。期間 $[t_j, t_{j+1}]$ に顧客に
デフォルトが起きる確率は $\pi_A(t_j)\,dt$ であるので、時点 t_{j+1} における取引か
らのキャッシュフローは $\tilde{V}(t_{j+1})\,(1-\pi_A(t_j)\,dt)+R_A\tilde{V}(t_{j+1})\,\pi_A(t_j)\,dt$ とな
る（図8－6）（ここでデフォルト時点については時点 t_j における条件付期
待値をとっている）。

　この担保化されてない取引において、時点 t_j に支払う現金 $\tilde{V}(t_j)$ は銀行
の調達コストを支払い調達しなければならない。そのキャッシュフローは次
のようになる。時点 t_j においては現金 $\tilde{V}(t_j)$ を調達するので、銀行にとっ
てキャッシュフローは正となる。時点 t_{j+1} には調達金利を加えて
$(1+r_B(t_j)\,dt)\,\tilde{V}t_j$ を返さなければならない。ただし、これは銀行がデフォ
ルトしたときは銀行のリカバリー・レートの割合 $R_B\,\tilde{V}(t_j)$ だけしか返され

図8－6　担保なしデリバティブのキャッ
シュフロー（$V(t_j)>0$）

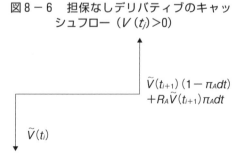

$\tilde{V}(t_{i+1})\,(1-\pi_A dt)$
$+R_A\tilde{V}(t_{i+1})\pi_A dt$

$\tilde{V}(t_i)$

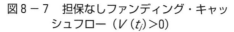

図8－7　担保なしファンディング・キャッ
シュフロー（$V(t_j)>0$）

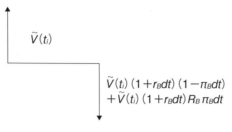

$\tilde{V}(t_i)$

$\tilde{V}(t_i)(1+r_Bdt)(1-\pi_Bdt)$
$+\tilde{V}(t_i)(1+r_Bdt)R_B\pi_Bdt$

図8－8　担保付デリバティ
ブのキャッシュフ
ロー（$V(t_j)>0$）

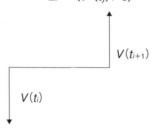

$V(t_{i+1})$

$V(t_i)$

ない。またこの期間に銀行がデフォルトする確率は $\pi_B(t_j)dt$ であるので、時点 t_{j+1} におけるキャッシュフローは $\tilde{V}(t_j)(1+r_B(t_j)dt)(1-\pi_B(t_j)dt)+\tilde{V}(t_j)(1+r_B(t_j)dt)R_B\pi_B(t_j)dt$ となる（図8－7）。

　ここで時点 t_j において取引と調達のキャッシュフローの合計は0となるが、時点 t_{j+1} においてはキャッシュフローの合計は、

$$\tilde{V}(t_{j+1})-\tilde{V}(t_j)-\pi_A(t_j)(1-R_A)\tilde{V}(t_{j+1})dt-[r_B(t_j)-\pi_B(1-R_B)]\tilde{V}(t_j)dt$$

となる（dt について2次となる項はすべて無視した）。

　次に同じ状況において担保化された取引のキャッシュフローの分析をする。ここで**毎営業日にマージン・コールをする担保化された取引にはデフォルト・リスクはないと仮定する**（実際には市場ファクターによりプライスが変化した部分については担保により守られないがそれは無視する）。

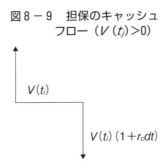

図8−9　担保のキャッシュ
フロー（$V(t_j)>0$）

$V(t_i)$

$V(t_i)(1+r_c dt)$

　デリバティブ取引のキャッシュフローは時点 t_j にデリバティブのプライス $V(t_j)$ を支払時点 t_{j+1} において $V(t_{j+1})$ を受け取る。ここでデフォルト・リスクはないとするので、時点 t_{j+1} におけるキャッシュフローは確実に受け取る（図8−8）。

　次に、担保のやりとりに付随するキャッシュフローを分析する。時点 t_j において銀行にとってのプライスが正であるので、顧客が $V(t_j)$ に相当する担保を現金で差し入れる。時点 t_{j+1} においてはその担保を担保の金利を加えて $V(t_j)(1+r_C(t_j)dt)$ を返す（図8−9）。

　担保付取引においても時点 t_j のキャッシュフローの合計は0となる。時点 t_{j+1} においてはキャッシュフローの合計は、

$$V(t_{j+1})-V(t_j)(1+r_C(t_j)dt)$$

となる。

　以上の分析に基づいてプライスが正のときについて、担保のない取引と担保のある取引の時点 t_{j+1} での期待キャッシュフローの差をみると

$$\tilde{V}(t_{j+1})-\tilde{V}(t_j)-\pi_A(t_j)(1-R_A)\tilde{V}(t_{j+1})dt-[r_B(t_j)-\pi_B(1-R_B)]\tilde{V}(t_j)dt$$

$$-\{V(t_{j+1})-V(t_j)(1+r_C(t_j)dt)\}$$

$$= -\pi_A(t_j)(1-R_A)\,\tilde{V}(t_{j+1})dt - \{[r_B(t_j)-\pi_B(1-R_B)]\,\tilde{V}(t_j) - r_C(t_j)\,V(t_j)\}dt$$

となる。$\tilde{V}(t_{j+1}) - \tilde{V}(t_j) \sim V(t_{j+1}) - V(t_j)$ とした。

ここで2行目の最初の項 $-\pi_A(t_j)(1-R_A)\,\tilde{V}(t_{j+1})\,dt$ はカウンター・パーティAのデフォルトしたときの損失を表しCVAと解釈できる。実際に $\tilde{V}(t_{j+1}) \to V(t_{j+1})$ のとき、この項は前章までで分析してきたCVAと一致する。一方、第2項、

$$-\{[r_B(t_j)-\pi_B(1-R_B)]\,\tilde{V}(t_j) - r_C(t_j)\,V(t_j)\}dt$$

はファンディング・コストを表していて、ファンディング・コスト・アジャストメント（Funding Cost Adjustment）（FCA）と解釈できる。またここで $\tilde{V}(t_{j+1}) \to V(t_{j+1})$ とするとFCAの項は、

$$-[r_B(t_j)-\pi_B(t_j)(1-R_B)-r_C(t_j)]\,V(t_j)dt = -l_B(t_j)\,V(t_j)dt$$

となる。**つまりFCAは銀行のデフォルト・リスクを除いた流動性リスクのみに起因する。**

次にプライス $V(t_j)$ が負のときを分析する。最初に担保化されていない取引について分析する。このとき時点 t_j においてデリバティブのプライスが負であるので、取引に入るときには $\tilde{V}(t_j)$（正確には $\tilde{V}(t_j)$ の絶対値であるがここでは絶対値は省略する）の現金を受け取る。また時点 t_{j+1} には現金を

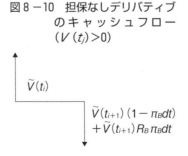

図8−10　担保なしデリバティブ
のキャッシュフロー
（$V(t_j) > 0$）

$\tilde{V}(t_i)$

$\tilde{V}(t_{i+1})(1-\pi_B dt)$
$+\tilde{V}(t_{i+1})R_B\pi_B dt$

$\tilde{V}(t_{j+1})$ を支払わなければならないが、これは銀行がデフォルトしたとき
はリカバリー・レート R_B の割合でしか支払われない。銀行のハザード・
レートは $\pi_B(t_j)$ だから、時点 t_{j+1} の支払うキャッシュフローは $\tilde{V}(t_{j+1})$
$(1-\pi_B(t_j)\,dt)+\tilde{V}(t_{j+1})\,R_B\,\pi_B(t_j)\,dt$ となる（図8−10）。

　上記で時点 t_j に現金を $\tilde{V}(t_j)$ 受け取るが、銀行は常にキャッシュ・プアで
あると仮定しているので、受け取った金額は投資に使うのではなく銀行の他
のビジネスに必要な費用として使われる。つまり銀行全体として調達しなけ
ればならない合計の金額がこのデリバティブ取引がなければ $W(t_j)$ である
ところを $W(t_j)-V(t_j)$ に圧縮される。この調達金額の減少を利益と解釈し

図8−11　デリバティブのキャッシュフローは銀行
　　　　の調達金額を減らせる

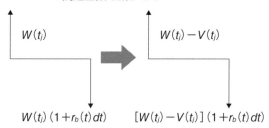

図8−12　担保なしファンディング
　　　　のキャッシュフロー
　　　　（$V(t_j)<0$）

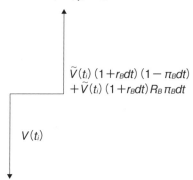

このデリバティブ取引の利益に含める（図 8 - 11、図 8 - 12）。

　したがって、ここで調達のキャッシュフローは $V(t_j) > 0$ で担保化されていない取引の調達のキャッシュフローの方向を逆にしたものとなる。したがって、時点 t_{j+1} における銀行の資金調達にかかわるキャッシュフローは $\tilde{V}(t_j)(1 + r_B(t_j)\,dt)(1 - \pi_B(t_j)\,dt) + \tilde{V}(t_j)(1 + r_B(t_j)\,dt)\,R_B\pi_B(t_j)\,dt$ となる（$V(t_j) > 0$ の場合とは $\tilde{V}(t_j)$ の符号が逆であるので向きは逆となる）。

　したがって、担保化されてないデリバティブ取引のキャッシュフローの合計は、

$$\tilde{V}(t_{j+1}) - \tilde{V}(t_j) - \pi_B(t_j)(1 - R_B)\,\tilde{V}(t_{j+1})dt - [r_B(t_j) - \pi_B(t_j)(1 - R_B)]\,\tilde{V}(t_j)dt$$

となる。

　次に担保化されている取引のキャッシュフローの分析をする。担保化された取引のキャッシュフローは $V(t_j) > 0$ のときと方向が逆になるだけであるので、時点 t_{j+1} におけるキャッシュフローは $V(t_{j+1}) - V(t_j)(1 + r_C(t_j)\,dt)$ となる。

　以上より、$V(t_j) > 0$ のときについて担保化されてない取引と担保化された取引の時点 t_{j+1} におけるキャッシュフローの差は、

$$-\pi_B(1 - R_B)\,\tilde{V}(t_{j+1})dt - \{[r_B(t_j) - \pi_B(t_j)(1 - R_B)]\,\tilde{V}(t_j) - r_C(t_j)\,V(t_j)\}dt$$

となる。ここで 1 番目の項 $-\pi_B(1 - R_B)\,\tilde{V}(t_{j+1})\,dt$ は銀行のデフォルト・リスクに対応し DVA となる。2 番目の項はファンディングにかかわる利益に対応し FBA（ファンディング・ベネフィット・アジャストメント（Funding Benefit Adjustment））と呼ばれる。

　ここで $\tilde{V}(t_j) \to V(t_j)$ とすると、FBA の項は、

$$-\{[r_B(t_j) - \pi_B(t_j)(1 - R_B) - r_C(t_j)]\,V(t_j)\}dt$$

$$= -l_B(t_j)\,V(t_j)dt$$

となり、FBA の項は流動性リスクだけに対応し銀行のデフォルト・リスクに対応する DVA とは別の効果を表している。**つまり FBA と DVA の間には重複はない。**本節の結果は Hull-White［HW］で示された結果と一致している。また FVA に関してはセミ・レプリケーション（semi replication）による方法が市場で頻繁に使われる［BK1］［BK2］［BK3］［BK4］。本節の議論とセミ・レプリケーション法との関係は［TT］を参照されたい。

ファンディング（および担保）の加法性

- -

　ファンディングは通常銀行のデリバティブのポートフォリオ全体について行われる。つまりデリバティブのポートフォリオ全体について必要な現金の合計額を調達または運用される。また担保について本書では再担保化[2]可能であるとしているので、デリバティブのポートフォリオのなかで担保を自由に融通しあう。したがって、本節で行った分析について本来はネッティング・セットではなくデリバティブのポートフォリオ全体について行わなければならない。しかし、**本書で採用している銀行がキャッシュ・プアという仮定のもとではファンディング・コストが加法的となる。**つまりネッティング・セット N のファンディング・コストを x_N、ネッティング・セット M のファンディング・コストを x_M とすると、この二つをあわせたポートフォリオのファンディング・コスト（ベネフィット）は x_N+x_M となる（CVA におけるポジティブ・イクスポージャとの違いをみてほしい）。**したがって、本節の分析は（銀行のデリバティブのポートフォリオ全体ではなく）ネッティング・セットごとに行えばよい。**

資金の運用について

- -

　本書では銀行はキャッシュ・プアとしているので、デリバティブ取引で

2　受け取った担保を他の取引の担保として使うことを再担保（rehypothecation）と呼び、多くの契約において可能となっている。

余った資金は銀行の他のオペレーションに使われるとしている。ここでデリバティブ・ポートフォリオ、ネッティング・セットまたは一つひとつのデリバティブ取引を独立と考え、余った資金を運用するという仮定も考えられる。この仮定のときは余った資金はリスク・フリー・レートで運用するとしなければならない。なぜならば他の金利で運用する場合はカウンター・パーティのデフォルト・リスクをとっていることになる。この場合、銀行Ｂと顧客Ａ以外にさらに他の法人のデフォルト・リスクを考慮しなければならず、それは現実的には不可能であるからである。

8-2-2 線形FVA

ここで $\tilde{V}(t_j) \to V(t_j)$ と近似できる場合のFVAを分析する。このときのFVAを本書では線形FVAと呼ぶ。本章においては、いままでファンディングにかかわるキャッシュフローの補正を分析してきた。これは $V(t_j)$ の正負により場合分けされて、$V(t_j) > 0$ のときは、

$$-\pi_A(t_j)(1-R_A)V(t_j)dt - l_B(t_j)V(t_j)dt$$

であり、$V(t_j) < 0$ のときは、

$$-\pi_B(t_j)(1-R_B)V(t_j)dt - l_B(t_j)V(t_j)dt$$

となる。したがって、これらをあわせて期間 $[t_j, t_{j+1}]$ に対応する評価調整の期待値は、

$$P^{AB}(t_j)\left\{ E^N\left[\frac{\pi_A(t_j)(1-R_A)V^+(t_j)}{N(t_j)}\,|\,F_0\right]dt - E^N\left[\frac{\pi_B(t_j)(1-R_B)V^-(t_j)}{N(t_j)}\,|\,F_0\right]dt\right.$$

$$\left. - E^N\left[\frac{l_B(t_j)V(t_j)}{N(t_j)}\,|\,F_0\right]dt\right\}$$

$$= E^N\left[\frac{I_{A;B}(t_j)(1-R_A)V^+(t_j)}{N(t_j)}\,|\,F_0\right]dt - E^N\left[\frac{I_{B;A}(t_j)(1-R_B)V^-(t_j)}{N(t_j)}\,|\,F_0\right]dt - E^N\left[\frac{l_B(t_j)V(t_j)}{N(t_j)}\,|\,F_0\right]dt$$

$$\qquad\text{CVA}\qquad\qquad\qquad\qquad\text{DVA}\qquad\qquad\qquad\qquad\text{FVA}$$

となる。ここで$P^{AB}(t_j)$の項は銀行Bと顧客Aの両方が時点t_jまでにデフォルトしていないときだけこの調整項が存在することからきた。また$P^{AB}(t_j)\,\pi_A(t_j)=I_{A:B}(t)$、$P^{AB}(t_j)\,\pi_B(t_j)=I_{B:A}(t)$、を使った。ここで1番目と2番目の項は、前章までに説明してきたCVAとDVAにほかならないことがわかる。3番目の項はFCAとFBAをあわせたもので、FVA（ファンディング・バリュー・アジャストメント（Funding Value Adjustment））と呼ばれる。ここで**線形FVAの項は加法的、たとえば二つの取引のFVAをあわせたものは二つの取引からなるポートフォリオのFVAとなる。つまりこの近似ではFVAは一つひとつの取引で独立に計算することができる。**一方、CVAとDVAの項はネッティング・セットでの価値$V(t_j)$の非線形関数$V^+(t_j)$や$V^-(t_j)$となることからわかるとおり加法的になっていないので、ネッティング・セット全体で計算しなければならない。

8-2-3　非線形FVA

次に$\tilde{V}(t_j)\to V(t_j)$と近似できない場合について分析し、そのモンテカルロ・シミュレーションによる評価を議論する。このときのFVAを本書では非線形FVAと呼ぶ。$\tilde{V}(t)$は担保のない取引について実際に取引されているプライスである。したがって、これはCVA、DVAまたFVAを含んでいる（FVAをプライスに入れるべきかどうかという議論があるがここでは入れるとする）。そして、

$$\tilde{V}(t) = V(t) + A(t)$$

とおく。ここで$A(t)$はCVA＋DVA＋FVAとなる。

次にデリバティブ取引の価値をもう一度確認する。$V(t)$とは将来のキャッシュフローのマルチンゲール測度のもとでの期待値であるので、

$$V(t_j) = cf(t_j) + N(t_j)E^N\left[\frac{V(t_{j+1})}{N(t_{j+1})}\,\middle|\,F_{t_j}\right]$$

となる。ここで $cf(t_j)$ は時点 t_j におけるキャッシュフローである。また最後の時点 t_n においては条件付期待値の部分はなくなる。実際には CVA および DVA を計算する段階において、この $V(t_j)$ モンテカルロ・シミュレーションのそれぞれのパスについてすべての時間グリッド t_j の上ですでに計算されている。次に担保のない取引のプライス $\tilde{V}(t_j)$ を分析する。これは次のように表される。

$$\tilde{V}(t_j) = cf(t_j) + f(t_j) + N(t_j) E^N \left[\frac{\tilde{V}(t_{j+1})}{N(t_{j+1})} \mid F_{t_j} \right]$$

ここでデリバティブ取引からのキャッシュフロー $cf(t_j)$ は変わらないが、ファンディングにかかわるキャッシュフローおよびデフォルト時の損失にかかわるキャッシュフロー $f(t_j)$ が加わる。$f(t_j)$ は一つの期間においては小さい値であるが、すべての時点について積分すると必ずしも小さくない。$f(t_j)$ は具体的には、

$$-\pi_A(t_{j-1})(1-R_A)\tilde{V}^+(t_j)dt - \pi_B(t_{j-1})(1-R_B)\tilde{V}^-(t_j)dt - l_B(t_{j-1})V(t_j)dt$$

となる。

また、$f(t_{j+1})$ は時点 t_{j+1} におけるキャッシュフローであるが、これは時点 t_j での担保付きの（担保なしの）プライス $V(t_j)$ $(\tilde{V}(t_j))$ と時点 t_j にリセットされる金利 $r_B(t_j)$ および $r_C(t_j)$、そして期間 $[t_j, t_{j+1}]$ における銀行とカウンター・パーティのデフォルト確率に依存する。これらはすべて時点 t_j において観測される量である。つまり $f(t_{j+1})$ は時点 t_j にはすでにわかっている量である。したがって、これをリスク・フリー・レートで t_j まで割り引いた、

$$\tilde{f}(t_j) = f(t_{j+1})\exp(-r_C(t_j)dt)$$

を時点 t_j での $\tilde{V}(t_j)$ の計算に繰り込むことができる。また dt に関して 2 次以上の項を無視すると $\tilde{f}(t_j) \sim f(t_{j+1})$ となり、さらに、

$$f(t_{j+1}) = f\big(V(t_j),\ \tilde{V}(t_j),\ r_C(t_j),\ \pi_A(t_j),\ \pi_B(t_j)\big)$$

と確率変数のみを明確に書く。ここで金利についてわれわれの CVA モデルにおいてはリスク・フリー金利 $r_C(t_j)$ とデフォルト確率 $\pi_A(t_j)$、$\pi_B(t_j)$ のみが確率変数で流動性スプレッド等は確定的なる関数である。

このとき $\tilde{V}(t_j)$ を決める式は、

$$\tilde{V}(t_j) = cf(t_j) + f\big(V(t_j),\ \tilde{V}(t_j),\ r_C(t_j),\ \pi_A(t_j),\ \pi_B(t_j)\big) + N(t_j)E^N\left[\frac{\tilde{V}(t_{j+1})}{N(t_{j+1})}\,\middle|\,F_{t_j}\right]$$

（式 8 - 1）

となる。

ここでモンテカルロ・シミュレーションを最初二乗法と組み合わせて $\tilde{V}(t_j)$ を評価するうえで重要なことは、

1. 担保付きのプライス $V(t_j)$ はモンテカルロのパス上ですでに評価されている。

2. 最終満期時点 t_n において補正項はないので $V(t_n) = \tilde{V}(t_n)$ となる。

3. また 2. と式 8 - 1 を組み合わせることにより、時点 t_{n-1} における評価 $\tilde{V}(t_{n-1})$ は余分に条件付期待値を計算しなくても、

$$\tilde{V}(t_{n-1}) = V(t_{n-1}) + f\big(V(t_{n-1}),\ \tilde{V}(t_{n-1}),\ r_C(t_{n-1}),\ \pi_A(t_{n-1}),\ \pi_B(t_{n-1})\big)$$

を解くことにより得られる（これは線形方程式を解くことになる）。

次に $j \leq n-2$ については次のように評価できる。まず、時点 t_{j+1} 以降の $\tilde{V}(t_k)$ はすでにパス上で評価されているとする。時点 t_j における状態変数（金利為替等の値）が与えられたとき、条件付期待値 $N(t_j)E^N\left[\dfrac{\tilde{V}(t_{j+1})}{N(t_{j+1})}\,\middle|\,F_{t_j}\right]$ の評価について LSM（最小二乗モンテカルロ法）で評価することが（原理的には）できる。この条件付期待値を評価すれば $\tilde{V}(t_j)$ は解くことにより評価することができる。この操作を繰り返すことにより、XVA（CVA、

DVAおよびFVA）で調整されたプライス $\tilde{V}(t_0)$ を評価することができる。

　ただし、上記の方法はLSMが適切に働くことを前提としている。XVA
の調整項 $f(V(t_j), \tilde{V}(t_j), r_C(t_j), \pi_A(t_j), \pi_B(t_j))$ は主にプライス $V(t_j)$ に依
存するが、現実にはネッティング・セットは多くの市場ファクターに依存す
る。ここで調整項の効果を多くの市場ファクターで回帰分析を行っても変数
が多すぎるので、うまくいくとは限らない。したがって、ここではより現実
的な方法を導入する。

$$\tilde{V}(t) = V(t) + A(t)$$

を式8－1に代入すると、

$$A(t_j) = f(V(t_j),\ V(t_j) + A(t_j),\ r_C(t_j),\ \pi_A(t_j),\ \pi_B(t_j)) + N(t_j)E^N\left[\frac{A(t_{j+1})}{N(t_{j+1})} \middle| F_{t_j}\right]$$

となる。ここで調整項 $f(V(t_j), V(t_j) + A(t_j), r_C(t_j), \pi_A(t_j), \pi_B(t_j))$ は主に
$V(t_j)$ に依存するので、条件付期待値 $N(t_j)E^N\left[\dfrac{A(t_{j+1})}{N(t_{j+1})} \middle| F_{t_j}\right]$ は $V(t_j)$ で説
明されると仮定することはもっともである。したがって、これを、

$$E^N\left[\frac{A(t_{j+1})}{N(t_{j+1})} \middle| F_{t_j}\right] \sim a_0 + a_1 b(V(t_j)) + a_2 b^2(V(t_j))$$

と $V(t_j)$ で回帰分析してLSMを行う。これは式8－1よりLSMが安定す
る可能性がある。

　非線形FVAにおいてはCVAとDVAの項がFVAの項と非線形に
影響しあう。しかし、本章で採用した仮定（投資銀行はキャッシュ・プ
アである）においては、非線形FVAにおいてもそれぞれのネッティン
グ・セットのファンディングのコストとベネフィットは加法的となる。
したがって、本章で採用した仮定においては、FVAはネッティング・

セットごとに計算すればよい。一方、ファンディングについて他の仮定を採用した場合（たとえば、それぞれのネッティング・セットごとに独立にファンディングおよび投資をすると仮定した場合）FVA の調整項は加法的でなくなる。したがって、FVA の計算は銀行のポートフォリオ全体について行わなければならない。

8-2-4　当初証拠金を調達するコスト（MVA）

第1章で議論したとおり、証拠金規制の強化により、デリバティブ取引においては、CCP 取引、OTC 取引のいずれについても、変動証拠金に加え、当初証拠金を差し入れることが必要になった。当初証拠金の金額は、基本的に、VaR に基づいて決められる。ここで、CCP 取引については、その CCP の内部モデルによるが、基本的に Historical VaR が使われる場合が多いと考えられる。一方 OTC 取引については、感応度 VaR をもとにした SIMM による。デリバティブ取引の評価においては、資金を調達するファンディング・コスト（FVA）を計算する必要があるが、当初証拠金の導入されたデリバティブ評価においては、それに加えて当初証拠金に対するファンディング・コストも計算する必要がある。これは MVA（Margin Value Adjustment）と呼ばれる。

MVA の計算にあたっては、モンテカルロ・シミュレーションのパスの上で VaR を計算する必要があり、パスの上で PV を計算する CVA や FVA と比べて計算負荷は非常に大きくなる。すなわち、FVA や CVA ではパスの上で条件付期待値を計算する必要があるが、MVA においてはパスの上で VaR のショックを与え、それから条件付期待値を計算する必要がある。したがって、MVA の計算においては、それを効率的に計算する手法を使うことが望ましい。

OTC デリバティブにおいては、SIMM によるイニシャル・マージンに関するファンディング・コスト（SIMM-MVA）を計算する。SIMM-MVA に

おいては、パス上でデリバティブ取引（のポートフォリオ）の感応度（偏微分）を計算する。偏微分を効率的に計算するには、Adjoint Algorithmic Differentiation（AAD）と呼ばれる方法がある。AADの中心となるアイディアは次のとおりである。

1）　コンピュータにおける関数（デリバティブの評価等）の計算はすべて簡単な1項または項演算の（非常に複雑な）合成である。

$$\Theta \to U^1 \to \cdots \to U^j \to U^{j+1} \to \cdots \to U^n \to Y$$

2）　この合成関数の偏微分は、chain rule（微分の合成則）により与えられる。

$$\frac{\partial Y}{\partial \theta_i} = \frac{\partial Y}{\partial U^n} \cdots \frac{\partial U^{j+1}}{\partial U^j} \cdots \frac{\partial U^1}{\partial \theta_i}$$

3）　ここで関数の評価をするとき、同時にそれぞれの演算の微分をコンピュータのなかで記憶させておけば（図8－13）、関数の評価と逆方向に集積して関数の（多数の）偏微分を一度に行うことができる（図8－14）。

　以上のように計算することにより、偏微分の計算は非常に高速に行うことができる。ここで図8－13にある計算をフォワード・プロパゲイション、図8－14にある計算をバックワード・プロパゲイション（アジョイント・モード）と呼ぶ。なお、AADと同等の計算は機械学習でも頻繁に使われる。

図8－13　フォワード・プロパゲイション

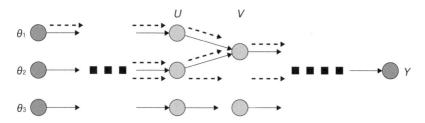

図8－14　バックワード・プロパゲイション（アジョイント・モード）

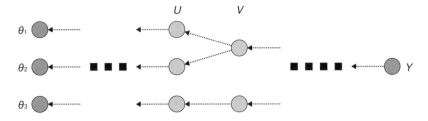

AADおよびその機械学習との関係は、［Tsuchiya1］を参照されたい。

　また、他の方法としては、モンテカルロ・シミュレーションのパス上において追加の確率的ショックを与えて状態空間を拡張することでVaRの計算を高速に行う方法があり、Green Kenyon Shocked State Argumentation（GKSSA）と呼ばれる。AADは偏微分（感応度）を計算するため、SIMMのような感応度VsRの計算のみ（ただし感応度VaRでHistorical VaRを近似することはありうる）に使えるが、GKSSAはHistorical VaRの計算にも使える。

第 9 章

より発展した話題

9-1 | クレジット・スプレッドと市場ファクターの相関（ロング・ウェイ・リスク（ライト・ウェイ・リスク））

　前章まではクレジット・スプレッド（ハザード・レート）と市場のファクター（金利と為替）は独立と仮定したときの分析を行った。これらが独立のときハザード・レートは確定的な関数として扱うことができた。実際にはクレジット・スプレッドと市場のファクターの間には相関がありえて、しかもそれが大きなリスクをもたらしうる。たとえば銀行の顧客とのデリバティブ・ポートフォリオにスワップの固定金利の払いのように金利の低下により利益が出る取引が多くあるとする。ここでもし金利とクレジット・スプレッドが負の相関をもっているとすると、顧客のクレジット・スプレッドの上昇とともに銀行のポートフォリオの価値が上がる。このとき、CVAにおいてはイクスポージャとクレジット・リスクの両方が上がり、CVAは大きく負の方向に動くことになる。つまり、この市場のファクターとクレジットの相関はCVAを大きく下げることになる。この効果をCVAの評価において考慮しないことはカウンター・パーティのデフォルトのリスクを過少評価していることになり、ミスプライシングをもたらす。これをロング・ウェイ・リスク（Wrong Way Risk）と呼ぶ（逆に相関によりCVAを下げる効果のことをライト・ウェイ・リスク（Right Way Risk）と呼ぶ）。したがって、CVAの計算においても市場ファクターとクレジット・スプレッドの間の相関をなんらかの方法で取り入れることが望ましい。

　本章ではハザード・レートと市場のファクターに相関があるときのCVAモデルを構成する。このとき、ハザード・レートの確率過程を考慮しなければならない。本書では金利の過程としてHull-Whiteモデルを採用しているが、金利の過程との平仄を考えハザード・レートもHull-Whiteプロセスに従うとする。このとき、ハザード・レートは負になる確率が存在する。ただし、ハザード・レートが負になることによる不利な点以上に解析解が使える

という利点を考慮し、ここでは Hull-White モデルを採用する。Hull-White モデルに従うカウンター・パーティ A のハザード・レートは以下の確率微分方程式で与えられる。

$$d\lambda^A(t) = \left(\theta_h^A(t) - a_h^A(t)\lambda^A(t)\right)dt + \sigma_h^A(t)dZ_h^A(t)$$

ここで添え字の h はハザード・レートを意味する。またハザード・レートのプロセスは金利のプロセスと相関があるとする。

$$dZ_h^A(t)dW(t) = \rho_h(t)dt$$

　CVA の評価は基本的に S フォワード測度で行うので、ドリフト項 $\theta_h^A(t)$ は S フォワード測度のもとでのドリフトとする。

　ここでハザード・レートのプロセスは金利の場合と同様に、

$$\lambda^A(t) = \phi^A(t) + x^A(t)$$

$$dx^A(t) = -a_h^A(t)x^A(t)dt + \sigma_h^A(t)dZ_h^A(t)$$

$$X_h^A(t) = \exp\left(-\int_0^t a_h^A(u)du\right)x^A(t)$$

と分けると、

$$X_h^A(t) = \int_0^t \tilde{\sigma}(u)dW_h(u)$$

となり、ハザード・レートはドリフトのないマルコフ・プロセスにより、

$$\lambda^A(t) = \phi^A(t) + \exp\left(\int_0^t a_h^A(u)du\right)X_h^A(t)$$

と書ける。ここで注意したいことは金利のプロセスと違い、ハザード・レートについては CVA の計算において実際にシミュレーションする必要があるためドリフト項（実際には $\phi^A(t)$）を推定する必要がある。これはクレジッ

ト・リスクを表す商品であるクレジット・デフォルト・スワップのプライス
から推定することになる。したがって、本節でハザード・レートのプロセス
から CDS のプライスの表式を導く。すでに 2 − 4 − 1 節で示したように
CDS のプライスは時点 T までに法人 A にデフォルトが起きなかったとき 1
単位支払われる証券のプライス $\hat{D}^A(0, T)$ と時点 T に法人 A がデフォルト
したとき時点 T に 1 単位支払われる証券の価値 $\hat{J}^A(0, T)$ のプライスによ
り表される。したがって、ハザード・レートと金利が両方 Hull-White モデ
ルに従うときの $\hat{D}^A(0, T)$ と $\hat{J}^A(0, T)$ の表式をここで求める。

　なお、ハザード・レートのプロセスにおいてボラティリティ $\sigma_h^A(t)$ と相関
係数 $\rho_h(t)$ は流動性のある市場が存在しないため、ヒストリカル・データ
から推定する。また金利とハザード・レートの間の相関係数を考慮すると
CDS のプライスが非常に複雑なものとなるため、実務上ドリフトのキャリ
ブレーションにおいてはこの相関は 0 と仮定する場合が多い［BMP］。しか
しここでは議論を完全にするため、金利とハザード・レートの相関の効果も
計算する。

　最初に時点 U までにカウンター・パーティ A がデフォルトしない条件の
もとで、時点 T に 1 単位の通貨が支払われるというデリバティブ取引（$U \leq$
T とする）を考え、その時点 0 での価値を $\hat{D}^A(0, U, T)$ とする（図 9 − 1）。

図 9 − 1. $\hat{D}^A(0, U, T)$ の定義

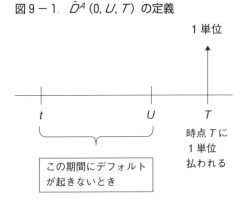

これは $U \to T$ のとき $\hat{D}^A(0, U, T) \to \hat{D}^A(0, T)$ となる。$\hat{D}^A(0, U, T)$ は S フォワード測度のもとで次のように表される。

$$\hat{D}^A(0, U, T) = D(0, S)E^S\left[\frac{\exp\left(-\int_0^U \lambda^A(u)du\right)}{D_d(T, S)}\bigg| F_0\right]$$

ここで $\int_0^U \lambda^A(u)du$ は、

$$\int_0^U \lambda^A(t)dt = \int_0^U \phi^A(t)dt + \int_0^U x^A(t)dt = \int_0^U \phi^A(t)dt + \int_0^U B_h(t, U)\tilde{\sigma}_h^A(t)dZ_h^A(t)$$

と正規分布に従うことがわかる。そして、

$$B_h(t, U) = \int_t^U \exp\left(-\int_0^S a_h(v)dv\right)ds$$

また金利に依存するディスカウント・ファクター $D_d(T, S)$ も、すでにみたとおり正規分布の指数関数のかたちをしている。

$$D_d(t, T) = \frac{D_d(0, T)}{D_d(0, t)}\exp\left(\frac{\Xi(t)}{2}\left(B_d^2(t, S) - B_d^2(T, S)\right) - B_d(t, T)X_d(t)\right)$$

ここで簡単に証明できる次の関係、

$$E[\exp(x_1 + x_2)] = E[\exp(x_1)]E[\exp(x_2)]\exp(\text{cov}(x_1, x_2))$$

を使えば $\hat{D}^A(0, U, T)$ は次のように簡単に計算できる。

$$\hat{D}^A(0, U, T)$$

$$= D_d(0, T)\exp\left(-\int_0^U \phi_h(v)dv\right)\exp\left(\frac{1}{2}\int_0^U B_h^2(s, U)\tilde{\sigma}_h^2(s)ds\right)\exp\left(-B(T, S)\int_0^U \tilde{\sigma}(s)B_h(s, U)\tilde{\sigma}_h(s)\rho(s)ds\right)$$

次に、時点 T でデフォルトしたとき、そこで1通貨単位が払われる取引のプライスはすでに示したように、同じく S フォワード測度のもとで次のように表される。

$$\hat{J}^A(0,\ T) = D(0,\ S)E^S\left[\frac{\exp\left(-\int_0^T \lambda^A(u)du\right)\lambda^A(T)}{D_d(T,\ S)}\,|\,F_0\right]$$

この式は一般には計算がむずかしいが、次のように変形すると、上で導出した $\hat{D}^A(0,\ U,\ T)$ の微分として表される。

$$\hat{J}^A(0,\ T) = D(0,\ S)E^S\left[\frac{-\partial_T\exp\left(-\int_0^T \lambda^A(u)du\right)}{D_d(T,\ S)}\,|\,F_0\right]$$

$$= \lim_{U \to T} D(0,\ S)E^S\left[\frac{-\partial_U\exp\left(-\int_0^U \lambda^A(u)du\right)}{D_d(T,\ S)}\,|\,F_0\right]$$

$$= \lim_{U \to T} -\partial_U D(0,\ S)E^S\left[\frac{\exp\left(-\int_0^U \lambda^A(u)du\right)}{D_d(T,\ S)}\,|\,F_0\right]$$

$$= -\lim_{U \to T} \partial_U \hat{D}^A(0,\ U,\ T)$$

以上のように、$\hat{D}^A(0,\ T)$ と $\hat{J}^A(0,\ T)$ が金利とハザード・レートの Hull-White モデルのパラメータの関数として得られた。また CDS のプライスは $\hat{D}^A(0,\ T)$ と $\hat{J}^A(0,\ T)$ で表されるので、ハザード・レートの Hull-White モデルのドリフト項 $\phi^A(t)$ は CDS のプライス（スプレッド）から推定することができる。

9-2 ‖ XVA 管理について（高速化）

すでに述べたとおり、新しいデリバティブ取引について CVA トレーダーはその CVA を計算し、その金額をデリバティブ・トレーダーにチャージする。デリバティブ・トレーダーはその CVA を上乗せして、顧客に請求するデリバティブのプライスを計算する。ここで CVA はその顧客とのネッティ

ング・セットのポートフォリオに依存する。したがって、新しい取引の CVA を計算するためには、新しい取引を入れる前の既存のポートフォリオ について CVA を計算して、次に新しい取引を入れたポートフォリオの CVA を計算し、この二つの CVA の差を計算しなければならない。つまり、 既存のポートフォリオの CVA が A_o で新しい取引を加えたポートフォリオ の CVA が A_n のとき、新しい取引を加えたことによる CVA の変化 $A_n - A_o$ がその新しい取引にチャージするべき CVA である。つまり一つ新しい取引 をするとき、それにチャージするべき CVA を計算するためにはポートフォ リオの CVA を 2 回計算しなければならない。ポートフォリオには多くのデ リバティブ取引がある状況で、これは計算負荷を増大させることになる。一 方、デリバティブ・デスクおよびセールスは新しい取引についてすみやかに その（CVA を含んだ）プライスを顧客に提示しなければならないという要 求がある。このような状況で新しい取引の CVA を高速に計算する方法につ いてここで説明する（ここで説明する方法は［Green］に述べられている）。

　やはりすでに説明したとおり、CVA の計算はモンテカルロ・シミュレー ションにより生成したシナリオについてすべての CVA 計算時点における ポートフォリオのプライスが与えられれば、それを加えるだけである。つま りモンテカルロのパスが $m = 1, \cdots, M$ とあるとき、パス上の時点 t におけ る、ポートフォリオのプライス $\{v(t)\}_m$ が与えられているとき、CVA の基 礎となる EPE は $EPE(t) = \left(\dfrac{1}{M}\right)\sum_m \{v(t)\}^+{}_m$ で与えられる。ここで新しい 取引を含まないポートフォリオのパス上の価値を $\{v_0\}_m(t)$、新しい取引 1 個 だけのパス上のポートフォリオの価値を $\{v_n\}_m(t)$ とすると、既存のポート フォリオの EPE は $EPE_0(t) = \left(\dfrac{1}{M}\right)\sum_m \{v_0(t)\}^+{}_m$、新しい取引を加えたと きの EPE は $EPE_n(t) = \left(\dfrac{1}{M}\right)\sum_m \{v_0(t) + v_n(t)\}^+{}_m$ となるので、パス上で v_0 (t) と $v_n(t)$ が計算されていれば新しい取引が入っているポートフォリオ

と入っていないポートフォリオの両方のプライスができる。ここで$v_0(t)$と$v_n(t)$は共通のモンテカルロ・パスの上で計算される。したがってモンテカルロ・シミュレーションによる状態変数のパスを生成したとき、そのパスの上で既存のポートフォリオのデリバティブのプライスの和$v_0(t)$と新しい取引のプライス$v_n(t)$を計算し、この二つを保存しておけば、既存のポートフォリオと新しい取引を加えたポートフォリオの両方のEPEすなわちCVAを同時に計算することができる。つまりCVAの計算を二重に行う必要がなく、計算量は約半分になる。

　ポートフォリオのCVAの計算はそれ自体の計算負荷が大きく、日中頻繁に行うためにはさらに計算負荷を大幅に低減する必要がある。CVAについては多くの市場ファクターおよびクレジット・ファクターに依存し、しかもそれらのリスク感応度も計算する必要がある。ただしCVAモデルは金利デリバティブのモデルほど精緻なモデルは通常使われない。たとえばボラティリティのスキューについても考慮しないか、考慮してもディスプレイスト・ディフュージョンのような簡略化されたモデルを使う場合が多い。また必然的にグローバル・キャリブレーションを採用するので、取引に応じて重要なボラティリティを選んでキャリブレーションしているわけではない。したがって、CVAモデルは日中の細かい市場ファクターの動きを厳密に考慮する意味は少ない（考慮しても、もともとある誤差のほうが大きい）。したがって、前日の締めのデータを使って行うオーバー・ナイト・バッチによる（深夜に行う）CVAとリスク感応度の計算と同じ市場データを使っても問題は少ない。この状況において新しい取引のCVAの計算を大幅に改善することが可能である。まずオーバー・ナイト・バッチにおいてCVAの計算に使ったそれぞれのパスにおける既存のポートフォリオのプライス$\{v_0\}_m(t)$を保存しておく。次に日中、新しい取引が出てきたとき、オーバー・ナイト・バッチと同じ市場データでモンテカルロ・シミュレーションにより市場ファクターのシナリオをつくり、そのうえで新しい取引のプライス$v_n(t)$を計算し、これらから新しい取引を加えたポートフォリオのCVAを計算

し、オーバー・ナイト・バッチで計算した既存の取引の CVA との差を計算する。ここで日中新しく CVA を計算するのは実際には新しい取引一つの CVA だけであるので、ポートフォリオ全体の CVA を計算することと比べて大幅にスピード・アップが可能になる。

9-3 ポートフォリオに 2 ファクターのモデルが必要な金利デリバティブが含まれている場合

　エキゾチック・デリバティブにはコーラブル CMS スプレッド・スワップのように、その評価に 2 ファクターの金利モデルが必要な商品も多い。ネッティング・セットのなかにそのような商品が入っているときは、その金利のファクターに 2 ファクターのモデルが必要となる。本書では、金利のモデルとして Hull-White モデルを使っているので、その 2 ファクターへの拡張を使うことが自然である。2 ファクターHull-White モデルについては［Chia］を参照。

　2 ファクターHull-White モデルにおいて短期金利 $r(t)$ は、

$$r(t) = \phi(t) + x_1(t) + x_2(t)$$

と表され、$x_1(t)$ と $x_2(t)$ はそれぞれ確率微分方程式、

$$dx_1(t) = -a_1(t)x_1(t)dt + \sigma_1(t)dW_1(t)$$

$$dx_2(t) = -a_2(t)x_2(t)dt + \sigma_1(t)dW_2(t)$$

を満たす。ここで $x_1(t) = x_2(t) z = 0$ で $dW_1(t)\,dW_2(t) = \rho(t)\,dt$。ここで 1 ファクターの場合と同様に、

$$X_1(t) = \exp\left(\int_0^t a_1(u)du\right)x_1(t)$$

$$X_2(t) = \exp\left(\int_0^t a_2(u)du\right)x_2(t)$$

とすると、$X_1(t)$ と $X_2(t)$ はドリフトのないマルコフ・プロセスとなり、

$$dX_1(t) = \tilde{\sigma}_1(t)dW_1(t)$$

$$dX_2(t) = \tilde{\sigma}_2(t)dW_2(t)$$

ここで、

$$\tilde{\sigma}_1(t) = \exp\left(\int_0^t a_1(u)du\right)\sigma_1(t)$$

$$\tilde{\sigma}_2(t) = \exp\left(\int_0^t a_2(u)du\right)\sigma_2(t)$$

このときディスカウント・ファクターは、

$$D(t,\ T) = A(t,\ T)\exp(-B_1(t,\ T)X_1(t) - B_2(t,\ T)X_2(t))$$

というかたちになり、マルコフ・プロセスの汎関数で表される。

1ファクターの場合と同様に、マルチンゲールという条件から $A(t,\ T)$ を計算することができ、

$$A(t,\ T) = \frac{D(0,\ T)}{D(0,\ t)}\exp\left\{\frac{1}{2}\left[B_1^2(t,\ S) - B_1^2(T,\ S)\right]\Xi_1(t) + \frac{1}{2}\left[B_2^2(t,\ S) - B_2^2(T,\ S)\right]\Xi_2(t)\right.$$

$$\left. + [B_1(t,\ S)B_2(t,\ S) - B_1(T,\ S)B_2(T,\ S)]\Xi_{12}(t)\right\}$$

ここで $i = 1, 2$ について、

$$B_i(t,\ T) = \int_t^T \exp\left(-\int_0^S a_i(v)dv\right)ds$$

$$\Xi_i(T) = \int_0^T \tilde{\sigma}_i^2(u)du$$

$$\Xi_{12}(T) = \int_0^T \tilde{\sigma}_1(u)\tilde{\sigma}_2(u)\rho_{12}(u)du$$

CVA モデルはクロス・カレンシー・モデルであり、1ファクターの場合について説明したとおり、測度の変換による外貨金利のドリフトが必要になる。2ファクターの Hull-White モデルにおいてニューメレールが二つのマルコフ・プロセス $X_1(t)$ と $X_2(t)$ の関数となるので、外貨の金利に対応するマルコフ・プロセスのドリフトの変更は1ファクターと同様に求めることができる。

今後中心回帰のパラメータは定数とする。ここで $B_1(t, T)$、$B_2(t, T)$ は中心回帰のパラメータが両方とも定数のとき、それぞれ、

$$B_1(t, \ T) = \frac{(\exp(-a_1 t) - \exp(-a_1 T))}{a_1}$$

$$B_2(t, \ T) = \frac{(\exp(-a_2 t) - \exp(-a_2 T))}{a_2}$$

となる。このかたちからわかるとおり、これらの項は中心回帰の強さにより時間間隔 $T-t$ が大きくなるに従い増加する割合を制御する。つまり中心回帰が小さいとき $B_i(t, T) \sim (T-t)$ となるのに対して、それが大きいとき $B_i(t, T)$ は時間に依存せず一定の値となる。したがって、相関を制御するため典型的には、二つの中心回帰のうち一つは小さい値をとりそのファクターは主に金利の平行移動を制御し、もう一つは大きい値をとりそのファクターは短期金利を制御する。

9-3-1 2ファクターHull-White モデルにおける相関

本節で CMS スプレッド・スワップの原資産となる同じスタート日で異なる長さの二つのスワップ・レートの間の相関を分析する。三つの時点 $T_n < T_m < T_l$ に対して金利交換が $[T_{n+1}, \cdots, T_{m+1}]$ にあるスワップ・レートを

$S_{nm}(t)$、$[T_{n+1}, \cdots, T_{l+1}]$ にあるスワップ・レートを $S_{nl}(t)$ とし、この二つのスワップ・レートの間の相関を考える。これらは典型的には $T_m - T_n$ は2年程度、$T_l - T_n$ は20年程度である。1ファクターの場合に5-3節で行ったようにスワップ金利を単純金利で近似し、

$$S_{nm}(t) = \left(\frac{1}{\delta_1}\right)\left(\frac{D(t, T_n)}{D(t, T_{m+1})} - 1\right)$$

$$S_{nl}(t) = \left(\frac{1}{\delta_1}\right)\left(\frac{D(t, T_n)}{D(t, T_{l+1})} - 1\right)$$

ここで $\delta_1 = T_m - T_n$、$\delta_2 = T_l - T_n$ とする。

2ファクターHull-Whiteモデルにおいてディスカウント・ファクターは、

$$D(t, T) = A(t, T)\exp(-B_1(t, T)X_1(t) - B_2(t, T)X_2(t))$$

というかたちになるので、

$$dS_{nm}(t) \sim \left(S_{nm}(0) + \frac{1}{\delta_1}\right)\{B_1(T_n, T_m)dX_1(t) + B_2(T_n, T_m)dX_2(t)\}$$

$$dS_{nl}(t) \sim \left(S_{nl}(0) + \frac{1}{\delta_2}\right)\{B_1(T_n, T_l)dX_1(t) + B_2(T_n, T_l)dX_2(t)\}$$

となる。したがって、これらのスワップ・スタート時点 T_n までの共分散と分散は次のように見積もることができる。

$Cov(S_{nm}(T_n), S_{nl}(T_n))$

$$= \left(S_{nm}(0) + \frac{1}{\delta_1}\right)\left(S_{nl}(0) + \frac{1}{\delta_2}\right)\{B_1(T_n, T_m)B_1(T_n, T_l)\Xi_1(T_n)$$

$$+ B_2(T_n,\ T_m)B_2(T_n,\ T_l)\Xi_2(T_n)$$

$$+ [B_1(T_n,\ T_m)B_2(T_n,\ T_l) + B_2(T_n,\ T_m)B_1(T_n,\ T_l)]\Xi_{12}(T_n)\}$$

$$Var(S_{nm}(T_n)) = \left(S_{nm}(0) + \frac{1}{\delta_1}\right)^2 \{B_1^2(T_n,\ T_m)\Xi_1(T_n) + B_2^2(T_n,\ T_m)\Xi_2(T_n)$$

$$+ 2B_1(T_n,\ T_m)B_2(T_n,\ T_m)\Xi_{12}(T_n)\}$$

$$Var(S_{nl}(T_n)) = \left(S_{nl}(0) + \frac{1}{\delta_2}\right)^2 \{B_1^2(T_n,\ T_l)\Xi_1(T_n) + B_2^2(T_n,\ T_l)\Xi_2(T_n)$$

$$+ 2B_1(T_n,\ T_l)B_2(T_n,\ T_l)\Xi_{12}(T_n)\}$$

前節で説明したとおり、$B_1\ (T_n, S)$ と $B_2\ (T_n, S)$ の片方が短期金利、もう片方が長期金利を制御する。

図9－2　CMS レートの間の相関〔Tsuchiya2〕

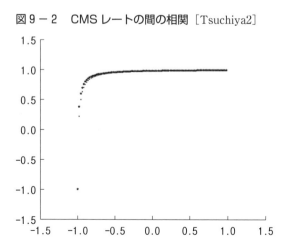

マルコフ・プロセスの相関は $\dfrac{\Xi_{12}(T_n)}{\sqrt{\Xi_1(T_n)\Xi_2(T_n)}}$ で表されているが、注意しなければならないことは、金利の相関を適切に表すためにはマルコフ・プロセス同士の相関は負になる場合が多い。

9-3-2　2ファクターHull-White モデルのキャリブレーション

　2ファクターHull-White モデルのコターミナル・スワップションのキャリブレーションにおいて、1ファクターの場合と同様に近似式を導く。スワップ・レートの確率微分方程式は1ファクターの場合と同じ近似において、

$$dS_{nm}(t)=\left(\frac{1}{A_{nm}(0)}\right)\Bigl\{-D(0,\ T_n)B_1(t,\ T_n)+D(0,\ T_{m+1})B_1(t,\ T_{m+1})$$

$$+S_{nm}(0)\sum_{j=n}^{m}\delta_j D(0,\ t_{j+1})B_1(t,\ T_{j+1})\Bigr\}\tilde{\sigma}_1(t)dW_1(t)$$

$$+\left(\frac{1}{A_{nm}(0)}\right)\Bigl\{-D(0,\ T_n)B_2(t,\ T_n)+D(0,\ T_{m+1})B_2(t,\ T_{m+1})$$

$$+S_{nm}(0)\sum_{j=n}^{m}\delta_j D(0,\ t_{j+1})B_2(t,\ T_{j+1})\Bigr\}\tilde{\sigma}_2(t)dW_2(t)$$

したがって、1ファクターの場合と同様にスワップションへのキャリブレーションが行われる。

9-3-3　2ファクターHull-White モデルのクロス・カレンシー・モデルにおける注意

　いままで何度も強調してきたとおり、CVAモデルはクロス・カレンシー・モデルである。2ファクターの Hull-White モデルのクロス・カレンシーへの拡張について簡単に説明する。本章での2ファクターHull-White モデル

の説明は2ファクターのマルコフ・プロセスをもとにしている。したがって外貨金利のプロセスのクオント・アジャストメントは5-5節と同様に行える。

フォワード為替のプロセスを

$$dX_x(t) = \tilde{\sigma}_x(t)dW_x(t)$$

とし、外貨の Hull-White モデルに対応する2ファクターのマルコフ・プロセスを $X_1^f(t)$ と $X_2^f(t)$ とすると、それぞれの国内通貨の測度でのプロセスはそれぞれ

$$dX_1^f(t) = -\tilde{\sigma}_1^f(t)\tilde{\sigma}_x(t)\rho_{x1}(t)dt + \tilde{\sigma}_1^f(t)dW_1^f(t)$$

$$dX_2^f(t) = -\tilde{\sigma}_2^f(t)\tilde{\sigma}_x(t)\rho_{x2}(t)dt + \tilde{\sigma}_2^f(t)dW_2^f(t)$$

となる。ここで相関係数は

$$dX_1^f(t)dX_x(t) = \rho_{x1}(t)dt$$

$$dX_2^f(t)dX_x(t) = \rho_{x2}(t)dt$$

である。

また FX オプションへのキャリブレーションに必要となるフォワード為替 $F(t, T)$ のボラティリティ（分散）についても5-5-1節と同様に

$$F(t, T) = F(0, T)\frac{\left(\dfrac{D_f(0, T)}{D_f(0, S)}\right)}{\left(\dfrac{D_d(0, T)}{D_d(0, S)}\right)}$$

$$\exp\left(X_x(t) + B_1^f(T, S)X_1^f(t) + B_2^f(T, S)X_2^f(t) - B_1^d(T, S)X_1^d(t) - B_2^d(T, S)X_2^d(t) - \Xi\right)$$

というかたち（Ξ は定数）であるので

$$Var(F(t,\ T)) = Var\Big[X_x(T) + B_1^f(T,\ S)X_1^f(T) + B_2^f(T,\ S)X_2^f(T) - B_1^d(T,\ S)X_1^d(T)$$

$$-B_2^d(T,\ S)X_2^d(T)\Big]$$

となる。したがってFXオプションへのキャリブレーションも簡単にできる。

9-4 ┃ 規制資本における CVA（SA-CVA）

　第1章で議論したように、バーゼルⅢにおいて CVA にかかわる資本として、BA-CVA（基礎的方式）と SA-CVA（標準的方式）が導入された。SA-CVA は、会計における CVA（基本的にフロント・オフィスで計算される CVA と同じもの）の感応度から計算される。感応度は、SIMM-MVA と同様に、AAD 等を使って高速に計算することができる。また SA-CVA における CVA は、誤方向リスク（Wrong Way Risk）およびマージン期間のリスク（Margin Period of Risk）を考慮することが必要である。

　以上より、SA-CVA の計算において、その CVA モデルは次の機能が必要になる。

1) 誤方向リスクに対応する確率的ハザード・レート（クレジット・スプレッド）を取り込むことができる必要がある。

2) マージン期間のリスクに対応できるように、モンテカルロ・シミュレーションの時間グリッドを余分に挿入することができる。

3) 感応度を高速に計算できる AAD 等の機能に対応している。

9-5 ┃ 本書で説明しなかった話題

　XVA は急速に発展している分野であり、新しいテーマが次々に現れている。このような状態において、本書ではそれらの発展の基礎となるテーマに絞って解説した。したがって、重要なテーマでも本書では触れていないテー

マがある。それらのなかで特に CVA デスクでの使用において重要な点をあげておく。

　本文で説明したように、XVA とマルチ・カーブとは不可分である。本書ではマルチ・カーブについては XVA の説明に必要な部分しか説明していない。これについては［Nakahara］等を参照願いたい。

　本書では完全に担保化された取引（マージン・コールが毎日ある取引）の CVA は 0 とした。しかし実際には、たとえ完全に担保化されていてもカウンター・パーティのデフォルトによるリスクは存在する。デフォルトが起きたときからデリバティブの決済が行われるまでの期間の間に市場が大きく動くこと等によるリスクが残っている。このようなリスクのことをマージン・ピリオド・オブ・リスク（Margin Period of Risk）と呼ぶ。このマージン・ピリオド・オブ・リスクは担保化されている銀行間の取引にも存在するため、もしこれらを考慮すると CVA を計算するポートフォリオは非常に大きくなる。マージン・ピリオド・オブ・リスクについては、たとえば［Sokol］等に述べられている。

　また、部分的に担保化された取引の CVA も、本書では具体的には取り扱わなかった。特にマージン・コールの頻度が毎日ないとき、その期間の間に市場が動くことによりリスクが生じる。マージン・コールの頻度の CVA への影響については、たとえば［BMP］等に詳しく述べられている。

　本書では CVA、DVA そして FVA について詳しく解説したが、XVA にはほかに MVA、KVA 等がある。特に KVA は大きい数値であることが最近判明した。KVA については、たとえば［Green］を参照願いたい。

第 10 章

結論と議論；金融危機後の
デリバティブ・プライシング理論

本書においてCVAと金融危機後のデリバティブのプライシング・モデルの理論と実際について述べてきた。ここでもう一度金融危機後のデリバティブ・プライシング理論の原理についてまとめたい。

　XVAにおいて金融危機以前のプライシング理論と原理的に異なる点。

1） XVAの計算においてはキャッシュフローの分析が強力な道具となる。ここでデリバティブ取引についてその取引自体からくるキャッシュフローだけでなく、その取引のカウンター・パーティまたは銀行自身がデフォルトしたときのキャッシュフローおよびその取引に付随するファンディング、担保のやりとりそしてヘッジ取引のキャッシュフローも考慮しなければならない。

2） XVAの計算においては細かい点にも注意しなければならない。たとえばLiborがリスク・フリー・カーブではなく、銀行のファンディング・スプレッドを織り込んでいることは危機以前からよく認識されていた。ただし危機以前は国際的な銀行のファンディング・スプレッドは無視できると考えられていた。危機以降このような無視できると考えられてきたファクターがデリバティブのプライシングに顕著な影響をもつことが認識されてきた。XVAの計算においてはこのような、いままで顧みられてこなかったファクターのプライシングへの影響を分析しなければならない。この分析においては細部にも注意して計算をしなければならない。ただし、実際に実装する場合には、なんらかの近似および理想化をしなければならない場合が多い。ここで何の近似をしているのかをよく理解して近似をしなければならない。

3） XVAの計算においては銀行の経営も考慮しなければならない。たとえばFVAの計算においては銀行の資金調達方法も考慮しなければならない。このようにXVAの分析においては銀行の構造の理解も不可欠である。また以上に注意して分析したXVAにより調整されたデリバティブのプライスは、以下のような危機以前の常識に反するような性質をもっている。

A） デリバティブのプライスは同じネッティング・セット（カウンター・

パーティ）にある他の取引に依存する。XVA の計算においてはネッティング・セット全体で計算しなければならないものが多い。したがって、あるデリバティブのプライスは同じカウンター・パーティとの間に他のどのようなデリバティブ取引があるかに左右される。つまりデリバティブのプライシングはネッティング・セット全体で行わなければならない。

B） 同じデリバティブ取引について銀行とカウンター・パーティで認識するプライスが一致しない。FVA はデリバティブ取引を行う法人に特有の情報（ファンディング・コスト）に依存する。したがって同じ取引でも銀行とそのカウンター・パーティでは、たとえ同じモデルを使ったとしても、認識するプライスは異なる。

上記の A）と B）について一言でいうと一物一価の原則が壊れている。一物一価、つまりある金融商品のプライスはだれからみても、またその取引がどの市場で行われても、そのプライスは変わらないという原則で、デリバティブのプライシングではいうまでもなく当然と考えられてきた。しかし、金融危機後のプライシング理論においてはこの一物一価の原則が壊れているのである。デリバティブ取引はその取引の当事者が他にどのような取引をしているか、またその取引をだれがみるかによりプライスは変わってくるのである。

このように金融危機以降はそれまでのデリバティブ・プライシング理論では常識と考えられていたことと反する事実が観測される。これらは1980年代におけるブラック・ショールズのモデルの発見以来のデリバティブ・プライシング理論におけるドラスティックな進歩にもみえる。

ただし注意しなければならないことは、一見伝統的なデリバティブ・プライシング理論とはまったく異なるようにみえる事実も、基本的にはデリバティブ・プライシングの基本原理を適用することに変わりはない。ただ危機以前のデリバティブ・プライシングにおいては、カウンター・パーティ・リスクやファンディング・コストという本来考慮しなければならないものが考慮されていなかったのである。つまりブラック・ショールズ・モデルにおけ

る前提のいくつかが現実とはあわないことが判明し、それを考慮することが XVA として表れているのである。このような意味で XVA は、言葉どおり調整であって、ブラック・ショールズのモデルの原理は基本的には変わることはない。

　今後も XVA を含むプライシング理論においては、新しく考慮しなければならないファクターが出現する可能性はある。この意味において XVA は常に進歩し続ける分野である。この変化に対応できるためには枝葉末節の技術をよく知っていることは重要ではなく、デリバティブ・プライシング理論の原理をよく理解していることである。したがって、本書では主に Hull-White モデルという基本的なモデルを使いながらもマルコフ・ファンクショナル・モデル等の最新の進歩を取り入れて、すべてを新しく再構成した。本書をすべて理解することにより、今後のどのような XVA の発展にも十分ついていくことが可能である。

最小二乗モンテカルロ法

　本文で詳しく説明したとおり XVA の計算は将来の条件付期待値の計算に帰着される。条件付期待値の計算をモンテカルロ・シミュレーションで行う方法としては最小二乗モンテカルロ法がある。ここで最小二乗モンテカルロ法による条件付期待値の計算法をまとめる。

　Hull-White モデルのようなマルコフ・プロセスをもとにしたモデルにおいては時点 t における経済のすべての情報はマルコフ・プロセスの集合 $X_1(t), \cdots, X_n(t)$ により表現される。したがって、条件付期待値 $E[V(T)|F_t]$ はマルコフ・プロセスの関数、

$$E[V(T)|F_t] = E[V(T)|X_1(t)\cdots, X_n(t)]$$

となる。マルコフ・プロセスが 1 次元のときは、

$$E[V(T)|F_t] = E[V(T)|X(t) = x] = f(x)$$

となる。ここで $f(x)$ について比較的簡単な関数形、たとえば、

$$\tilde{f}(x) = a + bx + cx^2$$

で近似できるとする。このとき、

$$E[(V(T) - \tilde{f}(X(t)))^2]$$

を考えると、

$$E[(V(T) - \tilde{f}(X(t)))^2] = E[V^2(T)] - 2E[V(T)\tilde{f}(X(t))] + E[\tilde{f}^2(X(t))]$$

となるが、タワー則を使うと右辺の 2 番目の項が、

$$E[V(T)\tilde{f}(X(t))] = E[E[V(T)\tilde{f}(X(t))\,|\,X(t)]]$$

$$= E[E[V(T)\,|\,X(t)]\tilde{f}(X(t))]$$

$$= E[f(X(t))\tilde{f}(X(t))]$$

となるので、

$$E[(V(T)-\tilde{f}(X(t)))^2] = E[V^2(T)]+E[\tilde{f}^2(X(t))-2f(X(t)\tilde{f}(X(t)))]$$

$$= E[V^2(T)]+E[(f(X(t))-\tilde{f}(X(t)))^2]-E[f^2(X(t))]$$

となる。ここで仮説としておいた関数 $\tilde{f}(X(t))$ が本当の条件付期待値 $f(X(t))$ に近ければ近いほど $E[(V(T)-\tilde{f}(X(t)))^2]$ は小さくなる。したがって、$E[(V(T)-\tilde{f}(X(t)))^2]$ が最小となるようなパラメータ a, b, c をモンテカルロ・シミュレーションのなかで探せば、条件付期待値を最もよく近似している関数を見つけることができる。つまり最適問題、

$$\min_{abc}\sum_{m}^{M}(V_m(T)-\tilde{f}(X_m(t)))^2$$

を解くことにより条件付期待値を推定することができる。ここで $X_m(t)$ と $V_m(T)$ はモンテカルロ・シミュレーションにおいて m 番目のパスにおけるそれぞれ $X(t)$ と $V(T)$ の値である。これは統計でよく使われている最小二乗法をモンテカルロの値に適用することになり、この方法は最小二乗モンテカルロ法（LSM）と呼ばれる。またここで変数 $X(t)$ は説明変数と呼ばれ $V(T)$ は被説明変数と呼ばれる。

　ここで注意したいことは、一般的にはマルコフ・プロセスの多項式で条件付期待値がうまく近似できるとは限らない。たとえばバミューダン・スワプションに LSM を使う場合は、バミューダン・スワプションの原資産となるスワップの価値がバミューダンの価値をよく説明すると考えることが

もっともらしい。したがって、このときは$y(X(t))$（$y(X(t))$は行使時点tにおけるバミューダンの最終満期までのスワップのスワップ・レート）を説明変数として$y(X(t))$の多項式として条件付期待値を推定するほうがうまくいくと考えられる。つまり一般にはマルコフ・プロセスの値$X(t)$ではなく、その関数$\phi(X(t))$を被説明変数とするほうがうまくいく場合が多い。また被説明変数はその状況に応じて適切に選ばなければならない。

　次に説明変数はマルコフ・プロセスの値の複雑な関数となってもいいが、関数形$\tilde{f}(x)$については説明変数の線形関数であることが望ましい。なぜならばこれが線形関数の場合は数値計算が線形方程式を解くことに帰着され、簡単に解くことができるからである。

　次にCVAの計算においては時点tにおける将来のキャッシュフローの条件付期待値を計算することになるが、将来のキャッシュフローについて一部は時点tのマルコフ・プロセスの値$X(t)$の関数ではなく、より以前の時点$u(u<t)$でのマルコフ・プロセスの値に依存することがある（金利がリセットしている場合やバミューダンやコーラブル商品について行使されている場合等）。これらのキャッシュフローについては特に考慮しなければならない。

◆ 補遺 **2**

グリッドの多項式による補間

CVA 計算時点 t_k において空間グリッド x_j （$j=1, \cdots, M$）があり、そのグリッド上のデリバティブのプライスは f_j とする。ここでマルコフ・プロセスのパスの値が x のとき、パス上のデリバティブのプライス $f(x)$ を補間により求める。簡単な補間方法としては線形補間がある。しかし線形補間を採用した場合、グリークスが不安定になる場合があるので、より滑らかな補間法を考慮しなければならない。ここでは（Pelsser）で導入された多項式による補間について説明する。

m 次元の多項式で補間するとき、$m+1$ 個のグリッド点にフィットさせることになる。つまり、補間するグリッドは x_j と x_{j+1} とすると、このグリッドをはさんで $m+1$ 個のグリッドに対して多項式をフィットさせるとする。この多項式を線形補間の式から漸化的に求めていく。グリッド $x_j, \cdots, x_{j+m}$ 上の値 $f_j, \cdots, f_{j+m}$ に多項式をフィットさせていく。グリッド $x_i, \cdots, x_{i+l}$ にフィットさせた l 次元の多項式を $f_{(i)(i+l)}(x)$ とする。$f_{(i)(i+1)}(x)$ は線形補間であるので、

$$f_{(i)(i+1)}(x) = f_i + \frac{f_{i+1}-f_i}{x_{i+1}-x_i}(x-x_i)$$

と与えられる。次に連続する三つのグリッド x_i, x_{i+1}, x_{i+2} について二つの区間をそれぞれ線形補間した関数 $f_{(i)(i+1)}(x)$ と $f_{(i+1)(i+2)}(x)$ を組み合わせて、

$$f_{(i)(i+2)}(x) = \frac{((x-x_{i+1})f_{(i)(i+1)}+(x_i-x)f_{(i+1)(i+2)})}{x_i-x_{i+2}}$$

とすると、$f_{(i)(i+2)}(x)$ は $f_{(i)(i+2)}(x_i)=f_i$、$f_{(i)(i+2)}(x_{i+1})=f_{i+1}$、そして、

$f_{(i)(i+2)}(x_{i+2}) = f_{i+2}$を満たすので、$f_{(i)(i+2)}(x)$ はこの三つのグリッド上で関数の値を再現する二次関数である。同様にして m 個のグリッドにフィットしている $m-1$ 次多項式 $f_{(i)(i+m-1)}(x)$ と $f_{(i+1)(i+m)}(x)$ の二つを組み合わせて $m+1$ 個のグリッドにフィットしている m 次多項式を、

$$f_{(i)(i+m)}(x) = \frac{((x - x_{i+m})f_{(i)(i+m-1)} + (x_i - x)f_{(i+1)(i+m)})}{x_i - x_{i+m}}$$

と構成することができる。この関数がグリッド $x_i, \cdots, x_{i+m}$ 上において関数にフィットしていることは簡単に確かめることができる。

◆ 補遺 **3**

金利デリバティブのまとめ

　本書で取り扱った金利デリバティブについて簡単にまとめる。詳しくは拙著［LMM］を参照されたい。

　金利デリバティブの原資産となっているものは貨幣の時間価値である。つまり将来の時点 T に支払われる１単位キャッシュフローの価値は、それ以前の時点 t で観測すると（カウンター・パーティのリスク等がなかったとしても）、その価値は１単位より小さくなる、それを $D(t, T)$ と表す。これをディスカウント・ファクターと呼ぶ。

補遺 3 - 1 ‖ 金利スワップ

　将来の期間 $[T_{j+1}, T_j]$ に対応する金利をフォワード Libor と呼び、時点 t に観測されるフォワード Libor を $L_j(t)$ と書く。
連続的な時点の列

$$[T_0 = 0, \ T_1, \ \cdots, \ T_{N+1}]$$

のことをテナー構造と呼ぶ。このテナー構造の上で期間の列 $[T_n, T_{n+1}]$, $[T_{n+1}, T_{n+2}]$, $\cdots$, $[T_m, T_{m+1}]$ を考える。それぞれの期間の金利について取引の最初に決められた固定レート K と変動金利（Libor）を交換する取引のことをスワップ（Swap）取引と呼ぶ。つまりスワップ取引においては時点 T_{j+1} $(j=n, \cdots, m)$ に金利 $\delta_j(K - L_j(T_j))$ $(\delta_j = T_{j+1} - T_j)$ をカウンター・パーティの一方が他方に支払う。この金利を支払うサイドを固定レートの支払サイド、受け取るカウンター・パーティを受取サイドと呼ぶ。このスワップの固定金利を払うサイドにおける価値 $V(t)$ は、

$$V(t) = \sum_{j=n}^{m} D(t, \ T_{j+1}) \delta_j (L_j(t) - K)$$

このスワップ取引について、その価値が固定金利を払うサイドと受け取るサイドにとって同じになるような固定レートのことを（パー）スワップ・レートと呼び、それはディスカウント・ファクターで、

$$S(t) = \frac{\sum_{j=n}^{m} \delta_j L_j(t) D(t, \ T_{j+1})}{A(t)}$$

または、

$$S(t) = \frac{D(t, \ T_n) - D(t, \ T_m)}{A(t)}$$

となる。ここで、

$$A(t) = \sum_{j=n}^{m} \delta_j D(t, \ T_{j+1})$$

である。上の固定レートを払うサイドにおける価値はスワップ・レートで、

$$V(t) = A(t)(S(t) - K)$$

と表すこともできる。

補遺3-2 ‖ ヨーロピアン・スワップション

上記のテナー構造において、時点 T_n に金利交換が $T_{n+1}, T_{n+2}, \cdots, T_{m+1}$ にあるスワップ取引に入る権利のことを（ヨーロピアン・）スワップション（swaption）と呼ぶ。スワップションにおいては固定金利を払うサイドのスワップに入る権利のことをペイヤーズ・スワップション（payers swaption）、受け取るサイドに入る権利のことをレシーバーズ・スワップ

ション（receivers swaption）と呼ぶ。スワップションの行使時点 T_n での価値はペイヤーズ・スワップションについては、

$$PV(T_n) = A(T_n)(S(T_n) - K)^+$$

となる。したがって、時点 0 におけるプライス $PV(0)$ は、

$$PV(0) = N(0)E^N[A(T_n)(S(T_n) - K)^+ \mid F_0]$$

となる。つまりペイヤーズ・スワップションはコール・オプションに対応しレシーバーズ・スワップションはプット・オプションに対応する。

　ヨーロピアン・スワップションについては流動性のある市場がある。またその市場でのプライスはインプライド・ボラティリティ（implied volatility）で表されている。インプライド・ボラティリティとはブラックの公式でヨーロピアン・スワップションを表すときに使われるボラティリティである。

　ブラックの公式においてヨーロピアン・ペイヤーズ・スワップションのプライスは、

$$Bl(K, \ T_n, \ S(0), \ A(0), \ \sigma_{Bl}) = A(0)(S(0)N(d_1) - KN(d_2))$$

ここで、

$$d_1 = \frac{\left(ln\left(\dfrac{S(0)}{K}\right) + \sigma_{Bl}^2 \, T_n\right)}{\sigma_{Bl}\sqrt{T_n}}$$

$$d_2 = \frac{\left(ln\left(\dfrac{S(0)}{K}\right) - \sigma_{Bl}^2 \, T_n\right)}{\sigma_{Bl}\sqrt{T_n}}$$

$$N(x) = \left(\frac{1}{2\pi}\right)\int_{-\infty}^{x} \exp\left(-\frac{u^2}{2}\right)du$$

と与えられる。ヨーロピアン・スワップションの市場のプライス $PV(0)$ に対して、

$$PV(0) = Bl(K,\ T_n,\ S(0),\ A(0),\ \sigma_{Bl})$$

を満たす σ_{Bl} のことをインプライド・ボラティリティと呼ぶ。スワップションはオプションの満期 T_n、スワップの長さ $T_m - T_n$ そしてストライク K により特定される。ここでストライクがフォワード・スワップ・レート $S(0)$ であるスワップションを ATM（At the money）のスワップションと呼ぶ。ATM のスワップションのインプライド・ボラティリティについてオプションの満期を縦軸、スワップの長さを横軸に並べたものをボラティリティ・マトリックス（volatility matrix）と呼ぶ。またオプションの本源的価値が 0 となるスワップションを OTM（Out of the money）、本源的価値が正となるスワップションを ITM（In the money）と呼ぶ。

補遺 3-3 ‖ バミューダン・スワップション

　ヨーロピアン・スワップションにおいてはオプションの行使をすることのできる日は 1 日だけだが、バミューダン・スワップションにおいては行使日がいくつもある。テナー構造 $[T_0 = 0, T_1, \cdots, T_{N+1}]$ の上で、そのすべての時点において最終満期が T_{N+1} のスワップに入ることができるスワップションのことをバミューダン・スワップション（Bermudan Swaption）と呼ぶ。つまり時点 T_j にバミューダン・スワップションの行使をすると金利の支払が $[T_{j+1}, T_{j+2}, \cdots, T_{N+1}]$ にあるスワップに入ることになる。ヨーロピアン・スワップションについては流動性のある市場があり基本的に銀行間の市場で売り買いができるが、バミューダンについては市場に流動性がないので銀行は顧客向けにバミューダン・スワップションの取引を行い、そのリスクをヨーロピアン・スワップションやスワップ等の流動性のある商品でヘッジする。

ヨーロピアン・スワップションで最終満期が T_{N+1} と決まっていて、スタート日が $T_1, \cdots, T_j, \cdots, T_N$ と動いていくスワップの集合のことをコターミナル・スワップと呼ぶ。またコターミナル・スワップを原資産とするヨーロピアン・スワップションの集合のことをコターミナル・スワップションと呼ぶ。

バミューダン・スワップションと関係が深い商品にコーラブル・スワップ（Callable Swap）と呼ばれる商品がある。コーラブル・スワップとは金利スワップでテナー構造の時点 T_j においてその時点で支払われる金利を交換して取引を償還する権利をカウンター・パーティの片方がもっているスワップのことである。たとえば固定金利を支払うサイドのスワップとバミューダン・レシーバーズ・スワップションの両方をもっていることは固定金利の支払のコーラブル・スワップをもっていることである。

補遺3-4 ‖ エキゾチック・スワップ

金利スワップではそれぞれの支払時点 T_{j+1} において固定金利と変動金利が交換される。ここで固定金利のかわりに時点 T_j の Libor やスワップ・レート等に依存するエキゾチック・クーポン $K(\{L\}(T_j))$（または $K(\{S\}(T_j))$）が支払われるスワップのことをエキゾチック・スワップという。エキゾチック・クーポンでよく取引されているものには次のようなものがある。

1） インバース・フロータ（Inverse Floater）；$C(T_j) = (K - L_j(t))^+$（K は定数）

2） CMS スプレッド（CMS Spread）；$C(T_j) = (CMS_1(T_j) - CMS_2(T_j))^+$（ここで CMS はコンスタント・マチュリティ・スワップ（Constant Maturity Swap）を意味し、時点 T_j に観測される一定の長さのスワップ・レートである。一般に $CMS_1(T_j)$ は $CMS_2(T_j)$ より長いスワップ・レートである。つまりこのクーポンは長期金利と短期金利との差である。CMS スプレッドの評価には最低でも2ファクター以上の金利モデルが必

要である）。これらのエキゾチック・スワップには早期償還オプションが
ついていて、エキゾチック・クーポンの支払サイドにコール（早期償還）
する権利がある場合が多い。これをコーラブル・エキゾチック・スワップ
（Callable Exotic Swap）と呼ぶ。バミューダン・スワップションで固定
金利をエキゾチック・クーポンに置き換えたものをバミューダン・エキゾ
チック・スワップションと呼び、コーラブル・エキゾチック・スワップは
エキゾチック・スワップにバミューダン・エキゾチック・スワップション
を組み合わせたものになる。

補遺 3-5 ‖ ボラティリティ・スキュー

　市場で取引される金利デリバティブのプライスはブラックのボラティリ
ティで表される。たとえば、ヨーロピアン・スワップションについて市場で
のプライスが $V(0)$ のとき、

$$V(0) = Bl(K,\ T_n,\ S(0),\ A(0),\ \sigma_{Bl})$$

となるボラティリティ σ_{Bl} で市場でのプライスを表す。この σ_{Bl} はインプラ
イド・ボラティリティ（implied volatility）またはブラックのボラティリ
ティと呼ばれる。ここでブラック・モデルの仮定ではストライク K とはか
かわりなくボラティリティ σ_{Bl} は一定である。しかし、市場で観測されるイ
ンプライド・ボラティリティはしばしばストライクにより変化する。通常は
ストライクが小さいときインプライド・ボラティリティは大きくなり、これ
をボラティリティ・スキュー（volatility skew）という。またインプライ
ド・ボラティリティは凹形をしていてこの現象をボラティリティ・スマイル
（volatility smile）と呼ぶこともある。

◆ 補遺 **4** ―――――――――――――――――――――――――

確率微分方程式

――――――――――――――――――――――――――――――

　CVA のプライシングはクレジット・デリバティブと金利為替のハイブリッド・デリバティブのプライシング・モデルを組み合わせたものであり、デリバティブ・プライシング理論のなかでも特に複雑なものである。したがって、確率過程の正確な理解が重要である。ここではできる限り直観的に理解できるようにこれをまとめた。

　確率過程（ブラウン運動）$X(t)$ に対してその関数 $f(t, x)$ の時間発展は、

$$
df(t, X(t)) = \frac{\partial f(t, X(t))}{\partial t}dt + \frac{\partial f(t, X(t))}{\partial x}dX(t) + \frac{1}{2}\frac{\partial^2 f(t, X(t))}{\partial x^2}dX^2(t)
$$

となる。これを伊藤の公式という。

　また確率過程のベクトル $X(t) = (X_1(1), X_2(t), \cdots, X_n(t))$ に対して多変数関数 $f(t, x_1, \cdots, x_n)$ の時間発展は、

$$
df(t, X(t)) = \frac{\partial f(t, X(t))}{\partial t}dt + \sum_{j=1}^{n}\frac{\partial f(t, X_1(t), \cdots, X_n(t))}{\partial x_j}dX_j(t)
$$

$$
+ \frac{1}{2}\sum_{i,j=1}^{n}\frac{\partial^2 f(t, X_1(t), \cdots, X_n(t))}{\partial x_i \partial x_j}dX_i(t)dX_j(t)
$$

となる。これを他変数の伊藤の公式という。

例）　確率的ライプニッツの公式

$$
d(AB) = AdB + BdA + dAdB
$$

次の性質をもつ確率過程をマルチンゲールと呼ぶ。

$$X(t) = E[X(T)| F_t]$$

■測度の変換

　デリバティブ商品のプライスを $V(t)$ とすると、ニューメレール $N(t)$ に対応する確率測度 N のもとで、

$$\frac{V(s)}{N(s)} = E^N\left[\frac{V(t)}{N(t)} \middle| F_s\right]$$

　一方、同じ商品のプライスはニューメレール $M(t)$ に対応する確率測度 M のもとでは、

$$\frac{V(s)}{M(s)} = E^M\left[\frac{V(t)}{M(t)} \middle| F_s\right]$$

となる。このとき現在のプライス $V(s)$ はどちらの測度で計算しても同じだから、

$$E^N\left[\frac{V(t)}{N(t)} \middle| F_s\right] = E^M\left[\frac{V(t)}{N(t)} \frac{N(t)M(s)}{M(t)N(s)} \middle| F_s\right]$$

となる。ここで、

$$\frac{dQ_N}{dQ_M}(t) = \frac{N(t)M(s)}{M(t)N(s)}$$

は Radon-Nikodym 微分と呼ばれ、これを掛けることにより測度 N と測度 N の間で期待値の計算を変換することができる。これは期待値を $\int \frac{V(t)}{N(t)} dQ_N$ と表すと、

$$\int \frac{V(t)}{N(t)} dQ_N = \int \frac{V(t)}{N(t)} \frac{dQ_N}{dQ_M} dQ_M$$

となるので、Radon-Nikodym 微分積分変数の変換のヤコビアンと解釈できる。

さて、Radon-Nikodym 微分を $D(t) = \frac{dQ_N}{dQ_M}(t)$ とすると、

$$E^N \left[\frac{V(t)}{N(t)} \mid F_s \right] = E^M \left[\frac{V(t)}{N(t)} D(t) \mid F_s \right]$$

となるが $\frac{V(t)}{N(t)}$ は測度 N のもとでマルチンゲールであるので、$\frac{V(t)}{N(t)} D(t)$ は測度 M のもとでマルチンゲールとなるはずである。さらにここで $D(t) = \frac{N(t)M(s)}{M(t)N(s)}$ であるので $D(t)$ はある資産の過程 $N(t)$ を測度 M のニューメレール $M(t)$ で割ったもの（に定数を掛けたもの）になっているので、$D(t)$ は測度 M のもとでマルチンゲールとなっている。ここで $D(t)$ が対数正規分布に従うとき、つまり、

$$dD(t) = \sigma_D(t)D(t)dZ_D(t)$$

と表されるとする。また測度 N のもとでマルチンゲールな変数 $Y(t) = \frac{V(t)}{N(T)}$ の測度 M でのダイナミクスを、

$$dY(t) = \mu_M(t)dt + \sigma_Y(t)dW_M(t)$$

とする。このとき、$Y(t)D(t)$ はマルチンゲールであるので、そのドリフトは 0 となるはずである。したがって、ドリフトのみに注目すると、

$$d(Y(t)D(t)) = D(t)dY(t) + Y(t)dD(t) + dY(t)dD(t)$$

$$= D(t)[\mu_M(t)dt + \sigma_Y(t)dW_M(t)] + [\mu_M(t)dt + \sigma_Y(t)dW_M(t)]$$

$$\sigma_D(t)D(t)dZ_D(t) + (non\ drift\ term)$$

$$= D(t)\mu_M(t)dt + \sigma_Y(t)\sigma_D(t)D(t)\rho_{ZW}(t)dt + (non\ drift\ term)$$

$$= (0)dt + (non\ drift\ term)$$

となる。したがって、$Y(t)$ の測度 M のもとでのドリフトは、

$$\mu_M(t) = -\sigma_Y(t)\sigma_D(t)\rho_{ZW}(t)$$

となる。つまり測度 N から M への変換によりドリフトは、

$$\mu_{adj}(t) = -\sigma_Y(t)\sigma_D(t)\rho_{ZW}(t)$$

だけ変化する。これを Girsanov の定理と呼ぶ。

■例：Hull-White モデルにおけるリスク中立確率から S フォワード確率への測度の変換

本文で述べたとおり、Hull-White モデルはリスク中立確率では、

$$dr_d(t) = (\theta_d(t) - a_d(t)r_d(t))dt + \sigma_d(t)dW_d(t)$$

で与えられる。ここで、S フォワード測度への変換をしたときのドリフトを導く。リスク中立確率のニューメレールは $N(t) = \exp\left(\int_0^t r_d(s)ds\right)$、一方 S フォワード確率におけるニューメレールは $M(t) = D_d(t, S)$ である。このとき、Radon-Nikodym 微分は、

$$D(t) = \frac{N(t)M(0)}{M(t)N(0)} = \frac{\exp\left(\int_0^t r_d(u)du\right)}{D_d(t, S)/D_d(0, S)}$$

となる。ここで $D(t)$ は時点 0 に 1 単位を投資した銀行口座の価値である金融商品を測度 M のニューメレールで割ったかたちになっているので、これはマルチンゲールである。また $D(t)$ は次の確率微分方程式を測度 M（S フォワード測度）のもとで満たす。

$$dD(t) = D(t)\tilde{B}(t, S)dr_d(t)$$

ここで、

$$\tilde{B}(t, S) = \int_t^S \exp\left(-\int_t^u a_d(s)ds\right)du$$

したがって、ドリフトの調整項は、

$$\mu_{adj}(t) = -\tilde{B}(t, S)\sigma_d^2(t)$$

であり、S フォワード測度のもとでの短期金利の満たす方程式は、

$$dr_d(t) = \left(\theta_d(t) - \tilde{B}(t, s)\sigma_d^2(t) - a_d(t)r_d(t)\right)dt + \sigma_d(t)dW_d(t)$$

となる。

◆ 補遺 **5**

クレジット・デフォルト・スワップ（CDS）について

　CDSとはデフォルト・プロテクションの買い手が売り手に対して固定金利（CDSスプレッド）を払い、その見返りとして参照資産がデフォルトしたとき、プロテクションの売り手が買い手にデフォルトによる損失に相応する金額を払うクレジット・デリバティブである。具体的にいうと、参照資産Aについて、期間T_{N+1}のCDSスプレッドをKとする。テナー構造$[T_0, T_1, \cdots, T_N, T_{N+1}]$において（テナー構造における金利交換の頻度も契約によりセミアニュアル、クオータリー等決められている）プロテクションの買い手は時点T_{i+1}（$i=0, \cdots, N$）に固定金利$\delta_i K$を参照資産Aがデフォルトしない限り支払う、ここでδ_iは期間$[T_i, T_{i+1}]$のデイカウント・フラクション。一方、参照資産Aが期間$[T_n, T_{n+1}]$内の時点τにデフォルトしたとき、プロテクションの売り手は買い手にデフォルトによって被る損失率に対応する金額、つまり元本1単位に対して$(1-R_A)$単位を支払う（R_Aは参照資産Aに対するリカバリー・レート（実際にはデフォルトしたとき

補遺5−1　クレジット・デフォルト・スワップのキャッシュフロー

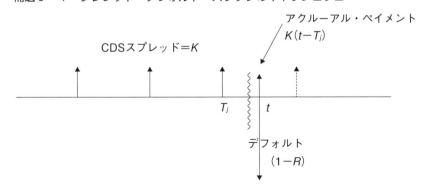

に決まる))。またこの期間についてデフォルトが起こるまでの期間 $[T_n, \tau]$ に対応する金利 $(\tau - T_n)\, K$ はプロテクションの買い手が売り手に払う。

参考文献

［Adachi］金融危機後の OTC デリバティブ価値評価、安達哲也（2015）日本銀行
　金融研究所（日銀ホームページより利用可能）

［Green］XVA: Credit, Funding and Capital Valuation Adjustment, A. Green,
　(2015) Wiley

［LMM］基礎からわかる LIBOR マーケット・モデルの実務、金利デリバティブ研
　究会（2014）金融財政事情研究会

［Uchida］カウンターパーティ・リスクの管理と CVA の活用、内田善彦（2010）
　（日銀ホームページより利用可能）

［Theodoros］カウンターパーティ・リスク把握の現状と方向性、S, Theodoros、
　(2010)（日銀ホームページより利用可能）

［BMP］Counterparty Credit Risk, Collateral and Funding, D. Brigo, M. Morini
　and A. Pallavicini. (2013) Wiley

［Tomiyasu］カウンターパーティーリスクマネジメント、富安弘毅（2014）金融財
　政事情研究会

［PiterbargFVA］Collateral, Funding and Discounting, V. V. Piterbarg

［MR］Margin requirements for non-centrally cleared derivatives（中央清算され
　ないデリバティブ取引に係る証拠金規制）、バーゼル銀行監督委員会・証券監督
　者国際機構（2013）

［BaselFinalize］Basel Ⅲ : Finalising post-crisis reforms（バーゼルⅢ最終規則文書）
　(2017)

［BCVA］Review of the Credit Valuation Adjustment Risk Framework（CVA リ
　スクの枠組みの見直し）、バーゼル銀行監督委員会（2015）

［Chia］Market Practices in financial modeling, C. C. Tan, (2012) World Sciences

［Andreasen］CVA on an iPad Mini, (2014) J. Andreasen

［Hunt］Financial Derivatives in Theory and Practice, P. Hunt, (2004) Wiley

［KP］Implications for Hedging of the choice of deriving process for one-factor
　Markov-functional models, J. E. Kennedy and D. Phan, (2011)

［Pelsser］Efficient Methods for Valuing Interest Rate Derivatives, A. Pelsser,
　(2000) Springer

［AP］Interest Rate Modeling I,II, III, LBG Andersen and VV Piterbarg, (2011)
　Atlantic Press

［Antonov］Exposure & CVA for Large Portfolios of Vanilla Swaps: The Thin-
　Out Optimization, A. Antonov and D. Brecher, (2012)

[TT] Unveiling FVA: Simple cash flows analysis with counterparty and own default for Funding Value Adjustment, C.C. Tan and O. Tsuchiya, (2016) Working paper (http://papers.ssrn.com/sol3/papers.cfm?abstract_id=2774074 で利用可能)

[MP] A unified framework for counterparty and liquidity charges. M. Morini and A. Prampolini, (2010) Working paper (http://papers.ssrn.com/sol3/papers.cfm?abstract_id=1669930 で利用可能)

[HW] Collateral and Credit Issues in Derivatives Pricing, *Journal of Credit Risk*, 10, (2014) p. 3

[BK1] PDE representations of derivatives with bilateral counterparty risk and funding cost, C. Burgard and M. Kjaer, (2012)

[BK2] In the Balance, C. Burgard and M. Kjaer, (2012)

[BK3] Funding Cost, Funding Strategies, C. Burgard and M. Kjaer, (2013)

[BK4] Derivatives Funding, Netting and Accounting, C. Burgard and M. Kjaer, (2015)

[Tsuchiya1] A Practical Approach to XVA: The Evolution of Derivatives Valuation after the Financial Crisis, Osamu Tsuchiya, (2019)

[Tsuchiya2] Two-Factor Hull-White Model Revisited: Correlation Structure for Two-Factor Interest Rate Model in CVA Calculation, (2018) O. Tsuchiya

[Nakahara] LIBOR ディスカウントと OIS ディスカウント、中原玄太 (2013) 金融財政事情研究会

[Sokol] A Practical Guide to Monte Carlo CVA, in Pykhtin (Ed), Counterparty Credit Risk Modeling: Risk Management, Pricing and Regulation (London, England: Risk Books), (2010)

事項索引

【英字】

ATM（At the money） ············ 209
CDS ································· 217
Cheyetteモデル ······················ 68
CMSスプレッド（CMS Spread）
··································· 210
CSA（Credit Support Annex）
···································· 12
DVA（デビット・バリュー・
アジャストメント）················ 26
FVA（ファンディング・バ
リュー・アジャストメント）······ 26
Girsanovの定理 ···················· 215
HJMモデル ··························· 66
Hull-Whiteモデル ··················· 67
Libor Market Model（LMM） ······· 69
Linear Gauss Markov（LGM）
モデル ····························· 85
LSM（Least Square Monte
Carlo） ·························· 113
OIS（オーバーナイト・イン
デックス・スワップ）········· 18, 86
PRDC（Powered Reverse Dual
Currency） ······················ 71
Radon-Nikodym微分 ········· 102, 213

【あ行】

イクスポージャ（exposure） ········ 23
伊藤の公式 ························· 212
インバース・フロータ（Inverse
Floater） ························· 210
インプライド・ボラティリティ
··································· 208

エクスペクティッド・ネガティ
ブ・イクスポージャ（expected
negative exposure） ················ 23
エクスペクティッド・ポジティ
ブ・イクスポージャ（expected
positive exposure） ··············· 23

【か行】

外貨 ······························· 60
カウンター・パーティ・バ
リュー・アジャストメント
（Counter Party Value Ad-
justment：CVA） ·················· 25
基本通貨 ··························· 60
キャップレット ····················· 86
極度額（Threshold） ·········· 13, 52
金利スワップ ······················ 86
クオードラティック・ガウシアン・
モデル（quadratic Gaussian
model） ·························· 68
クオント・アジャストメント
（quonto adjustment） ··········· 103
グリッド ·························· 113
クレジット・デフォルト・ス
ワップ（Credit Default Swap
：CDS） ·························· 27
クレジット・バリュー・アジャ
ストメント（Credit Value
Adjustment：CVA） ··············· 2
グローバル・キャリブレーショ
ン（global calibration） ··········· 77
クロス・カレンシー・モデル
（cross currency model） ········· 60

継続価値 ‥‥‥‥‥‥‥‥‥‥‥ 120
行使価値 ‥‥‥‥‥‥‥‥‥‥‥ 119
コーラブル・エキゾチック・ス
　ワップ ‥‥‥‥‥‥‥‥‥‥‥ 211
国内通貨 ‥‥‥‥‥‥‥‥‥‥‥ 60
コターミナル・スワップション
　‥‥‥‥‥‥‥‥‥‥‥‥‥‥ 87

【さ行】
最小二乗モンテカルロ法（Least
　Square Monte Carlo : LSM）‥‥ 119
最低受渡額（Minimum Trans-
　fer Amount）‥‥‥‥‥‥‥‥ 52
最低受渡金額L ‥‥‥‥‥‥‥‥ 13
スワップ（Swap）‥‥‥‥‥‥‥ 206
スワップ・レート ‥‥‥‥‥‥‥ 207
線形FVA ‥‥‥‥‥‥‥‥‥‥‥ 171
線形補間 ‥‥‥‥‥‥‥‥‥‥‥ 114
早期償還条項 ‥‥‥‥‥‥‥‥‥ 119
測度の変換 ‥‥‥‥‥‥‥‥‥‥ 102

【た行】
短期金利 ‥‥‥‥‥‥‥‥‥‥‥ 66
担保付きの取引 ‥‥‥‥‥‥‥‥ 12
担保のない取引 ‥‥‥‥‥‥‥‥ 12
中心回帰（mean reversion）‥‥‥ 67
ディスプレイスト・ディフュー
　ジョン（displaced diffusion）
　‥‥‥‥‥‥‥‥‥‥‥‥‥‥ 67
テナー構造 ‥‥‥‥‥‥‥‥‥‥ 88
デフォルト・インテンシティ
　（default intensity）‥‥‥‥‥ 36
デフォルトする時間 ‥‥‥‥‥‥ 36
独立担保額（Independent
　Amount）‥‥‥‥‥‥‥‥‥‥ 52

【な行】
ニューメレール（Numeraire）‥‥‥ 6
ネガティブ・イクスポージャ
　（negative exposure）‥‥‥‥‥ 23
ネッティング（netting）‥‥‥‥‥ 34
ネッティング・セット（netting
　set）‥‥‥‥‥‥‥‥‥‥‥‥ 35

【は行】
ハザード・レート（hazard
　rate）‥‥‥‥‥‥‥‥‥‥‥‥ 37
バミューダン・スワップション
　‥‥‥‥‥‥‥‥‥ 87，153，209
非線形FVA ‥‥‥‥‥‥‥‥‥‥‥ 172
ファンディング・コスト ‥‥‥‥ 162
ファンディング・コスト・ア
　ジャストメント（Funding
　Cost Adjustment : FCA）‥‥‥ 167
ファンディング・バリュー・ア
　ジャストメント（Funding
　Value Adjustment : FVA）
　‥‥‥‥‥‥‥‥‥‥‥ 159，172
ファンディング・ベネフィット・
　アジャストメント（Funding
　Benefit Adjustment : FBA）
　‥‥‥‥‥‥‥‥‥‥‥‥‥‥ 169
フォワードLibor ‥‥‥‥‥‥‥ 206
フォワード金利 ‥‥‥‥‥‥‥‥ 66
ブラックの公式 ‥‥‥‥‥‥‥‥ 208
フロアレット ‥‥‥‥‥‥‥‥‥ 86
ペイヤーズ・スワップション
　（payers swaption）‥‥‥‥‥ 207
ポジティブ・イクスポージャ
　（positive exposure）‥‥‥‥‥ 23
ポテンシャル・フューチャー・
　イクスポージャ（Potential
　Future Exposure : PFE）‥‥‥ 24

ボラティリティ・スキュー
　　（volatility skew）·················· 211
ボラティリティ・マトリックス
　　·· 209

【ま行】

マーケット・クローズアウト
　　（market closeout）·················· 29
マーケット・モデル（Market
　　Model）·· 69
マージン・ピリオド・オブ・リ
　　スク ·· 195
マルコフ・ファンクショナル・
　　モデル（Markov Functional
　　Model）·· 70
マルコフ・プロセス ················· 112

【や行】

ヨーロピアン・スワップション
　　··· 86

【ら行】

ライト・ウェイ・リスク（Right
　　Way Risk）····························· 180
リスク・フリー・クローズアウ
　　ト（risk free closeout）············· 29
流動性リスク ··································· 2
レシーバーズ・スワップション
　　（receivers swaption）············· 207
ローカル・キャリブレーション
　　（Local Calibration）················· 77
ロング・ウェイ・リスク（Wrong
　　Way Risk）····························· 180

2022年11月30日　第1刷発行
（2016年8月10日　初版発行）

著　者　土　屋　　　修
発行者　加　藤　一　浩

〒160-8520　東京都新宿区南元町19
発　行　所　一般社団法人　金融財政事情研究会
企画・制作・販売　株式会社きんざい
出版部　TEL 03（3355）2251　FAX 03（3357）7416
販売受付　TEL 03（3358）2891　FAX 03（3358）0037
URL https://www.kinzai.jp/

DTP・校正：株式会社友人社／印刷：三松堂株式会社

ISBN978-4-322-14188-7